新・保育実践を支える

表現

横井志保・奥 美佐子 編著

福村出版

JCOPY 〈出版者著作権管理機構　委託出版物〉

本書の無断複写は著作権法上での例外を除き禁じられています。複写され
る場合は、そのつど事前に、出版者著作権管理機構（電話 03-3513-6969、
FAX 03-3513-6979、e-mail: info@jcopy.or.jp）の許諾を得てください。

まえがき

　領域「表現」が誕生しておよそ 30 年。本書は幼稚園教育要領，保育所保育指針，幼保連携型認定こども園教育・保育要領の 3 法令の同時改訂（定）を受け，改めて領域「表現」について考えようとしたものである。本書を手に取る人のほとんどが領域「表現」になってからの保育を受けて育った人たちであろうが，皆さんが園児だった頃の保育者たちは，それまでの「音楽リズム」「絵画製作」が消えて「表現」になったことで，まだまだ混乱し戸惑いながら保育をしていたのではないだろうか。

　しかし，子どもたちの日常の生活を考えてみると，かいたり，つくったり，歌ったり，奏でたり，踊ったり，演じたり，泣いたり，笑ったり，怒ったりとそれまで通りごく自然な営みとして表現している。こうした子どもの表しを保育の場では大切にしたいし，保育者が子どものごく普通の日常に目を向け感度高く受け取ることを大事にしたい。そんな願いを込めて本書は事例を基に解説している部分が多い。保育を学ぶ学生にとっては保育をイメージしやすいように，そして，既に保育者として活躍している人には，自分の保育を振り返る時，また，「これでいいの？　私の保育……」と悩んだ時には本書を開き，自分の保育と目の前の子どもたちと向き合っていただきたい。

　各執筆者は保育経験のある研究者や，長年にわたり保育現場に足を運び実践的な研究を重ねてきた方々ばかりであり，それぞれの立場から専門的な内容を分かりやすく解説していただいている。

　本書を通して，子どもの表現とそれを受け止める保育者について，そして保育そのものを考えていただく機会となれば幸いである。

　この本の出版にあたって，福村出版の方々に多大なお骨折りをいただいたことと，出版の機会を与えていただいたことに心からお礼申し上げたい。

2018 年 1 月　　　　　　　　　　　　　編者を代表して 横井志保

目　次

まえがき ⑶

1章　領域「表現」の目指すもの … 11

1節　子どもの表現の今 … 11

1　表現とは ⑾

2節　表現が生まれる土壌 … 12

3節　領域「表現」を読む … 13

1　領域「表現」の誕生 ⒀

2　領域「表現」のねらい ⒁

3　領域「表現」の内容 ⒃

4　領域「表現」の内容の取扱い ⒇

2章　乳幼児期の「表現」の発達 … 22

1節　0歳児の表現の姿 … 22

1　あつまり：歌・手遊び ㉒

2　遊び ㉕

3　まとめ ㉗

2節　1歳児の表現の姿 … 28

1　あつまり：わらべうた ㉘

2　遊び ㉚

3　食育 ㉝

4　まとめ ㉞

3節　2歳児の表現の姿 … 34

1　2歳児前半の姿から ㉟

2　2歳児後半の姿から ㊳

4節　3歳児の表現の姿 ……………………………………………………… 41

　　1　3歳児の表現を領域「表現」から考える（41）

　　2　3歳児にとって必要な活動とは（43）

　　3　3歳児の生活や遊びから学ぶ（44）

　　4　3歳児の表現する姿を支えるために（48）

5節　4歳児の表現の姿 ……………………………………………………… 48

　　1　4歳児の生活と表現（48）

　　2　4歳児の感覚（49）

　　3　4歳児の生活や遊びから学ぶ（50）

　　4　4歳児の表現する姿を支えるために（55）

6節　5歳児の表現の姿 ……………………………………………………… 56

　　1　得意技は何にする？（56）

　　2　何をかく？　どうやってかく？（57）

　　3　どんな気持ち？（58）

　　4　初めての劇遊び披露，そして本番（60）

3章　「表現」を支える保育者の役割 ……………………………………… 63

1節　豊かな感性を育むために ……………………………………………… 63

　　1　心地良いと思えること（63）

　　2　身近な環境や自然，日常を意識する（64）

　　3　場の雰囲気を大切にする（65）

2節　素朴な表現の受容 ……………………………………………………… 67

　　1　安心して表すことのできる受容者となる（67）

　　2　子どもの表現の何を受け止めるか（67）

　　3　瞬間を捉える（68）

3節　意欲を発揮させる環境構成の工夫 …………………………………… 69

　　1　雑材の利用（69）

　　2　表現意欲を支える（70）

　　3　発達の特性にふさわしいか（71）

4　空間を意識した環境の構成（73）

　　　5　保育者自身が表現者であり憧れの存在となる（73）

4章　「表現」の保育 …………………………………………… 75

1節　音を感じる ……………………………………………… 75

　　　1　音が聞こえるしくみ（75）

　　　2　人の成長と聞こえ方（76）

　　　3　環境と聞こえ方（77）

　　　4　音のカテゴライズ（77）

　　　5　保育における音の役割（80）

2節　リズムによる表現 ……………………………………… 81

　　　1　乳幼児のリズム感覚（82）

　　　2　リズムがわかる（85）

　　　3　リズム感を育てる（85）

　　　4　リズムを通して子どもたちに育つもの（87）

3節　声による表現 …………………………………………… 87

　　　1　文化としての歌（87）

　　　2　子どもたちと歌うということの目的（88）

　　　3　歌声は「共感」から「仲間意識を高める」（89）

　　　4　歌うことは子どもの内面を膨らませる（90）

　　　5　言葉やオノマトペなどによる声の表現（92）

　　　6　わらべうたによるコミュニケーション（93）

4節　楽器による表現 ………………………………………… 95

　　　1　楽器を使う活動のあり方（95）

　　　2　乳児と楽器（96）

　　　3　自由な遊びにみられる表現（96）

　　　4　合奏の指導（98）

　　　5　やりたい時に自分たちでできる力を（101）

目次　7

5節　ものとかかわる活動 ………………………………………………… 101

　　1　ものとかかわる活動の意味（101）

　　2　園生活におけるものとのかかわり（104）

　　3　素材とのかかわり（105）

6節　行為・操作からの活動 ……………………………………………… 107

　　1　行為と操作の関係（107）

　　2　行為を楽しむ遊び（108）

　　3　操作を楽しむ遊び（109）

　　4　行為から操作へ（111）

　　5　操作と操作を組み合わせる活動（113）

　　6　まとめ（114）

7節　色彩と表現 ……………………………………………………………114

　　1　子どもにとっての色彩（114）

　　2　色の美しさや不思議さを感じる（115）

　　3　色の混ざり方や感触を楽しむ（117）

　　4　色とイメージの表現（119）

8節　かく表現 ………………………………………………………………122

　　1　子どもとかく表現（122）

　　2　乳児とかく表現（123）

　　3　幼児とかく表現（125）

　　4　かく行為と保育者のかかわり（128）

9節　イメージと表現 ……………………………………………………… 129

　　1　イメージと表現の学びについて（129）

　　2　イメージとは何か（129）

　　3　最初のイメージ（130）

　　4　表現とイメージの関係──造形表現の事例から（132）

　　5　イメージや表現を豊かにする（135）

10節　動きによる表現 ·· 135

　　1　身体，動き，表現（135）

　　2　音楽やリズムをもとにして動く活動（136）

　　3　イメージをもとにして動く活動：模倣をもとに表す活動（139）

　　4　イメージをもとにして動く活動：創造的に表す活動（141）

11節　演じる　ごっこ遊び・劇遊び ······························· 145

　　1　Ⅰ期：子どもたちが出会う場としての散歩（145）

　　2　Ⅱ期：保育園の内と外――2つの空間を意識する（146）

　　3　Ⅲ期：散歩と遊びから，ごっこ遊びに発展するまで（147）

　　4　Ⅳ期：ごっこ遊びから，劇遊び・劇づくりへ（149）

5章　園行事と「表現」 ·· 157

1節　春（3，4，5月） ··· 157

　　1　季節の節目で行われる園行事（158）

　　2　定期的に行われる園行事（161）

　　3　伝統行事（162）

2節　夏（6，7，8月） ··· 164

　　1　七夕・夏祭り（164）

　　2　泥遊び・色水遊び（167）

　　3　お泊り保育（キャンプファイヤー）（170）

3節　秋（9，10，11月） ··· 173

　　1　運動会（173）

　　2　遠足（175）

　　3　秋祭り（お店屋さんごっこ）（176）

　　4　芋ほり（178）

4節　冬（12，1，2月） ·· 180

　　1　もちつき（180）

　　2　クリスマス会（181）

目次　9

　　3　お正月（182）

　　4　節分（183）

　　5　生活発表会（184）

6章　領域「表現」のこれから ……………………………………… 190

1節　子どもと表現活動 ………………………………………………… 190

2節　表現の土台を育てる ……………………………………………… 190

　　1　生活の中で表現の芽を見つける（190）

　　2　表現が生まれる道筋のスタート地点（191）

　　3　子どもの気付きを多様な領域から受け止める（192）

3節　表現する力を育てる ……………………………………………… 193

　　1　表現する力とは何か（193）

　　2　表現する時間と空間（193）

　　3　表現技能と表現する力（194）

4節　子どもの表現の未来に向けて …………………………………… 194

　　1　変わりゆく生活の現実（194）

　　2　新しい素材や方法に挑む（195）

　　3　未来を切り開く力を育てる（196）

　資料（197）

　索引（203）

＊　本書における事例に関連した人名はすべて仮名です。

1章
領域「表現」の目指すもの

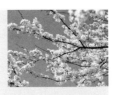

1節　子どもの表現の今

1　表現とは

　幼稚園教育要領 第1章 総則に「幼児期の教育は，生涯にわたる人格形成の基礎を培う重要なもの」とあり，保育所保育指針 第1章 総則に「保育所は，子どもが生涯にわたる人間形成にとって極めて重要な時期に，その生活時間の大半を過ごす場である」とし，幼保連携型認定こども園教育・保育要領 第1章 総則には「乳幼児期の教育及び保育は，子どもの健全な心身の発達を図りつつ生涯にわたる人格形成の基礎を培う重要なもの」と，その重要性を示している。中でも表現は，子どもの日常的な営みであり，生活そのものと言える。
　お腹が減ったと泣く赤ちゃん。お腹いっぱいミルクをもらうと機嫌よく手足をバタバタさせて「アーッアーッ」と声を上げる。大好きなオヤツを目の前に出された子どもは，思わずニコリと笑顔になり，「おいしそぉ」と声に出して言う。ゲームに勝って，「ヤッター！」と叫びながら跳び上がって喜ぶ。喧嘩に負けて悔しくて，涙を流してしくしくと泣く。大声で泣く。しょんぼりと肩を落とす。一人お迎えを待つ間，心細くてギュッと先生の手を握る。お迎えのお母さんに向かって駆けだしていって抱き着く。これらすべての行為は表現である。これらの行為が表現だとすると，子どもの日常のすべては表現であると言えよう。そして，子どもだけでなく我々大人の日常もすべて表現活動なのである。表現とは，心で感じたこと・考えたこと・思ったことを身体の外に表し出すことである。ただ，既に表現が日常の行為，表しとしてなされているからと

いって，子どもを放っておいて良いわけではない。子どもが様々な表現の手段を習得することで自身の表現が，より自分の気持ちに近くなり，その幅を広げる。そして，その豊かな自己表現で人とかかわり，想いをやりとりすることで，人間関係が築かれ社会生活の基盤を作ることになる。

2節　表現が生まれる土壌

　ザーッと突然降り出した大粒の雨。園庭にいた皆が走って屋根のある場所に逃げ込んだが，ダイチは一人雨に打たれていた。雨は，通り雨ですぐに止んだ。園庭には日陰を作るためのテントが引っ掛けてあった。そのテントに雨が溜まって1カ所だけ大きく下がっていた。ダイチはその下がった先から雨粒がぽたりぽたりと落ちてくるのを一人耳を傾けてしばらく聴いていた。一人でいるダイチの傍に保育者が行くと「先生，雨が歌ってるんだよ」と，教えてくれた。

　この雨音に耳を傾ける体験を通して，ダイチはどれだけ世界を広げたのだろう。一人こうした素朴な音に耳を傾け，それを歌っていると言葉で表現するまでに，ダイチの心の中はどのように動いたのだろうか。そして，イメージの世界の中でどんな歌を聴いたのだろう。子どもが表現の方法を習得することが，

こうした経験を通して自分の世界の中のイメージを外に現す助けとなる。自分が雨粒となって身体で表現するのか，聴いた音を楽器で再現してみるのか，聴こえた歌を絵に描いてみるのか。その表現を傍らで無条件に受容する保育者の存在や，子どもが一番表現したいと思う方法で表現欲求を満たすことができるよう，その技術を伸ばすことが求められよう。

3節　領域「表現」を読む

1　領域「表現」の誕生

　領域「表現」が生まれたのは，1989年（平成元年）の幼稚園教育要領改訂の時である。それまであった「絵画製作」と「音楽リズム」と入れ替わって「表現」となったことで，「表現」は「絵画製作」と「音楽リズム」を合わせたものと捉えられがちだが，そうではない。領域「表現」は感性や表現に関する領域として幼児が生活を通して発達していく姿を踏まえて示されたものである。その主な目標は豊かな感性と創造性を育てることだと考えられている。ただ，領域「表現」だけで感性や創造性を育てる教育を担うのではなく，保育の場すべてにおいて感性も創造性も必要であることはいうまでもない。

　「表現」が生まれたのと同時に各領域には，幼稚園修了までに育つことが期待される生きる力の基礎となる心情，意欲，態度などがねらいとして示され，そのねらいを達成するために指導する事項として内容が示された。それまでは各領域に，幼稚園教育の目標を達成するために，原則として幼稚園修了までに幼児に指導することが望ましいねらいが示されていた。

　「音楽リズム」の一部を例に挙げてみると，ねらいの1には「のびのびと歌ったり，楽器をひいたりして表現の喜びを味わう」とあり，その指導しなければならない事項として以下の8項目が挙げられていた。

　(1) いろいろな歌を歌うことを楽しむ。
　(2) みんなといっしょに喜んで歌い，ひとりでも歌える。
　(3) すなおな声，はっきりしたことばで音程やリズムに気をつけて歌う。
　(4) カスタネット，タンブリン，その他の楽器に親しむ。
　(5) 曲の速度や強弱に気をつけて楽器をひく。
　(6) みんなといっしょに喜んで楽器をひく。

(7) 役割を分担したり，交替したりなどして，楽器をひく。

(8) 楽器をたいせつに扱う。

　これら8つの項目はどれも具体的であり，「幼稚園教育の特質に基づき，各領域は小学校における各教科とその性格が異なるものであることに留意しなければならない」と，書かれているが小学校の音楽科と混同した捉え方がなされ，一部では特別な活動や，子どもに練習の負担を強いるような内容もなされていた。

2　領域「表現」のねらい

　2017年（平成29年）改訂（定）された「幼稚園教育要領」「保育所保育指針」「幼保連携型認定こども園教育・保育要領」の3文書では，3歳児以上の内容をできるだけ同じにするという形で示されているので，本書では3法令共通の教育要領を以下に挙げて具体的に学んでいきたい。

　幼稚園教育要領の第2章に示されているねらいとは，幼稚園教育において育みたい資質・能力を幼児の生活する姿から捉えたもので，内容は，そのねらいを達成するために指導する事項である。また，領域に示されている事項は，保育者が幼児の生活を通して総合的な指導を行う際の視点であり，幼児のかかわる環境を構成する場合の視点でもある。

　領域「表現」は〔感じたことや考えたことを自分なりに表現することを通して，豊かな感性や表現する力を養い，創造性を豊かにする。〕と，意義付けられており，ねらいは以下の3つである。

(1) いろいろなものの美しさなどに対する豊かな感性をもつ。

(2) 感じたことや考えたことを自分なりに表現して楽しむ。

(3) 生活の中でイメージを豊かにし，様々な表現を楽しむ。

　これら，3つのねらいを以下に読み解いていきたい。

a 豊かな感性を育む

保育は幼児期の特性を踏まえ，環境を通して行うことを基本としている。また，遊びを中心とした生活の中で様々な体験をすることが重要である。幼児は日々の生活の中で，自らが主体となって環境にかかわり，受け身ではなく能動的に活動し，その中で不思議だと感じたり，面白いと感じることに出合い，そこで心が動かされる体験をしている。園は幼児にとって生活の場であるので，その生活が充実したものになるよう，保育者は幼児期にふさわしい環境を用意しなければならない。幼児はこれら環境を通して様々な経験を重ね，感性と表現する力を養い，創造性を豊かにしていく。

幼児期にふさわしい環境とは，先ず幼児の想いや考えを受け止めてくれる保育者や，面白さや感動を共有し伝え合うことのできる友達が近くにいること。また，幼児の興味や関心に基づいて，描いたりつくったりできる様々な素材がすぐに手に取ることのできる場所にあることである。

こうして環境に自らかかわり日々の生活を送ることで，自分の存在を実感することができ，さらに充実感を得て，安定した気分で楽しんで過ごす事ができるのである。

b 素朴な表現を理解する

幼児が自由に絵をかくことについて東山は「自分の感じたこと，体験したことを絵に表わすことは，言葉に表わしたり，詩や作文に表わすことと同じように，自分の思いや願いを伝える大事な表現手段である。言語活動の未発達な幼児にとって，とくに大切なのである」とし，「表現活動は，自分の考えをまとめたり，自我を育てたり，心の中に叡知を育てる重要な働きをする」と述べているように，絵を描いたり，思いつくままにものをつくったり，聞こえてくる音やリズムに合わせて身体を動かしたり，想いのままに泣いたりして自分の気持ちを素直に表して，他者にどのように受け止められるかなど考えもしないで表現することで，幼児の気持ちは満たされ満足する。津守の言うように「子どもの遊びは，行為による表現である。子どもは遊びの行為によって，無意識の中で創造している。保育者は，その行為から子どもを理解する。それにより，

子どもは一層明瞭に自分自身を表現するようになる」とすれば，保育者は幼児の素朴な表現を受け止めて理解すると共に，周りの友達との仲立ちとしても援助したい。

c　表現する意欲を育む

　幼児期に身近な自然や人にかかわる体験をしたり，感情を表現することが充実感へとつながる。東山は「子どもにとって，親しい人に絵を見せることは，自分の世界や気持ちを知ってもらうコミュニケーションなのである。子どもが絵をかくことは，かくという活動自体が心の解放であり発散であるだけでなく，親しい人とのコミュニケーションをとることで，生きる活力というか生きる力を生み，信頼感を生む」と，述べている。日常生活の中での出来事や，気持ちを身近な人びとと共有し，表現し合うことで，その時々にあった素材や表現方法を工夫したりできるようになる。そのためにも，幼児が自分の想いに最も合った表現方法を選択できるように，様々な素材や方法を経験しておくことが大切である。

3　領域「表現」の内容

（1）生活の中で様々な音，形，色，手触り，動きなどに気付いたり，感じたりするなどして楽しむ。

　幼児は日常の生活の中で聞こえる音，例えば突然強く降り出した雨の音や梅雨時の雨の音との違いに気付いたり，風に揺れる木々の葉の音を聞いたり，友達と遊びながら大きな声で何度も同じ言葉を繰り返すうちに，それにふしがついて歌になり，それを楽しんだりする。また，偶然見つけた石や葉っぱの形を面白がったり，季節によって変わる葉の色に気付いたり，またそれらに触れる喜びを身体全体で表現して楽しむ。ただ，それを一緒に楽しんだり，面白がったりできる友達や想いを受け止めてくれる保育者が近くにいてくれてこそ素直に表現できる。また，幼児が面白いと興味をもてるような環境を構成することが大切である。

(2) 生活の中で美しいものや心を動かす出来事に触れ，イメージを豊かにする。

　幼児は，大人が思いもよらないようなことに心を動かしたりする。例えば，葉っぱの上に溜まったキラキラと輝く雨のしずくを見つけてじっと立ち止まって見入ってみたり，長く続く蟻の行列を飽きることなく眺めていたり。また，空を見上げて雲の形に興味をもったりする。カエルの卵を取って来て，世話をしながらカエルになるまでの変化の様子を見て喜んだり，また，別れを悲しんだり，身近な出来事の中で心を動かすことに出合い，イメージを広げ，豊かにする。それらイメージを心の中に積み上げていくことができるよう，保育者は幼児と共に心の動きを感じ取ることが大切である。保育者自身が閉ざされた小さな限られた枠の中におらず，心を開き感情を豊かにすることが幼児のイメージを豊かにすることとなる。

(3) 様々な出来事の中で，感動したことを伝え合う楽しさを味わう。

　幼児が心を動かすような出来事に出合った時，それを身近な友達や保育者に伝えようとする。それは，言葉だけでなく，身振りを交えたり歓声を上げたりして感動したことを表そうとする。その時に人に受け止められる体験をした幼児は，また次にも同様に伝えたいと思うようになる。こうした温かな人間関係の中で幼児の表現しようとする意欲は育つ。保育者は共感的に幼児の表現を理解し，周囲の幼児との仲立ちとなって，周りの皆と共に感動できるようにしたい。「伝え合う」ということは，一方的に想いを伝えるだけでなく，伝えることと同様に友達や保育者，周囲の人びととの想いを受け取り味わえるようにすることである。一方通行でなく，双方向の想いのやりとりが大切である。

　そして，保育者には幼児の，言葉にはならない，心を動かしている場面を瞬間的に捉えることのできる感性が求められる。

(4) 感じたこと，考えたことなどを音や動きなどで表現したり，自由にかいたり，つくったりなどする。

保育者は，幼児が表現した結果が音楽的な表現であるのか，造形的な表現であるのか，または身体的な表現であるのかといった結果だけを捉えるのではなく，その過程における幼児の表しを受け止めることが大切である。例えば，幼児は，気持ちがのっていて歌いながら絵をかくこともある。この時の想いや表現を保育者が受け止めることで，満足し，安心して幼児はまた表現したくなる。こうした表現が日常的に繰り返されることによって幼児は想いを自由に表現できるようになり，そして自分の考えや表現したいことに，より近づけるために様々な音や動き，かいたりつくったりする表現の仕方を工夫したりするようになる。

(5) いろいろな素材に親しみ，工夫して遊ぶ。

　幼児の想像力には驚かされることが多い。大人が考えもつかないような遊びを考え付いたりする。その中で，幼児はもの（素材）と出会い創造力を豊かにする。既製の素材だけでなく，それに代わるような雑材等を利用しても幼児の創造性は豊かになろう。普段から幼児の身近にある，お菓子の空き箱や空き缶，包装紙，公園等で拾うことのできる松ぼっくりやどんぐり等の自然物を保管し，いつでも使えるように準備しておくことで，幼児の表現の幅が広がる。様々な素材を工夫して遊ぶことで，幼児の表現しようとする意欲，想像力を育てることにつながる。

(6) 音楽に親しみ，歌を歌ったり，簡単なリズム楽器を使ったりなどする楽しさを味わう。

　幼児は楽器に限らず音の出るもの（素材）を前にすると，迷わず鳴らす。たたいたり，振ったりして音を鳴らす。音色の違うものを組み合わせて，その違いを楽しみながら鳴らしたり，それで即興的にリズムをつくったりして楽しむ。また，友達と声を合わせて歌ったり，保育者の伴奏に合わせて歌うことを楽しむ。そして，簡単な振付をしたり，全身を使って踊ったりして音や音楽を味わう。それら歌ったり，楽器を演奏したりする時，上手，下手，正しい，正

しくないといった視点で幼児の表現を評価することは，音楽しようとする意欲の芽を摘むことになりかねない。こうした，保育者の安易な評価が将来の音楽嫌い，音楽苦手意識を植え付けることになる。幼児の音楽に親しみ，楽しさを味わっている瞬間を捉え，保育者も共に楽しむことが，幼児の表現する意欲を育てることにつながる。また，友達の歌や楽器の演奏を聴き合うことも音楽の楽しさの一つである。

(7) かいたり，つくったりすることを楽しみ，遊びに使ったり，飾ったりなどする。

始めは遊びの中で欲しいと思うものを保育者に伝えてつくってもらったりするが，そのうち，それを真似て自分でつくろうとする。何度もつくるうちに工夫を重ねて自分のイメージに近いものが出来上がり，遊びに使ったり，大切に飾ったりする。保育者が幼児の遊びを理解し，幼児のイメージを形にできるようもの（素材）や用具を準備することで，幼児の表現意欲が高まる。

つくってから遊ぶのではなく，遊ぶためにかいたりつくったりすることは，楽しさや表現することの喜びの味わい方が違うだろう。

(8) 自分のイメージを動きや言葉などで表現したり，演じて遊んだりするなどの楽しさを味わう。

ダンボールで仕切られた保育室の一角でさえも幼児にとっては秘密基地になったり，ままごとの家になったり，犬小屋になったりする。また，風呂敷1枚あれば，それをマントにしたり，ドレスにしたり，幼児のイメージの世界は無限に広がる。保育者は幼児がイメージの世界を友達同士で共有しあい，一緒に広げることができるように，仲立ちしたり，用具やもの（素材）を工夫して使用することができるよう，環境に配慮したい。もの（素材）に触れ，イメージを豊かに遊ぶことは表現する楽しさにつながっていく。

4 領域「表現」の内容の取扱い

　領域「表現」には以下に挙げる3つの「内容の取扱い」が記されており，その記載内容を踏まえて適切な指導を行わなければならない。

　(1) 豊かな感性は，身近な環境と十分にかかわる中で美しいもの，優れたもの，心を動かす出来事などに出会い，そこから得た感動を他の幼児[*1]や教師[*2]と共有し，様々に表現することなどを通して養われるようにすること。その際，風の音や雨の音，身近にある草や花の形や色など自然の中にある音，形，色などに気付くようにすること。

　(2) 幼児[*3]の自己表現は素朴な形で行われることが多いので，教師[*2]はそのような表現を受容し，幼児[*1]自身の表現しようとする意欲を受け止めて，幼児[*1]が生活の中で幼児[*1]らしい様々な表現を楽しむことができるようにすること。

　(3) 生活経験や発達に応じ，自ら様々な表現を楽しみ，表現する意欲を十分に発揮させることができるように，遊具や用具などを整えたり，様々な素材や表現の仕方に親しんだり，他の幼児[*1]の表現に触れられるよう配慮したりし，表現する過程を大切にして自己表現を楽しめるように工夫すること。

　上記の下線を付した部分は，平成29年に告示された新しい「幼稚園教育要領」「幼保連携型認定こども園教育・保育要領」に新たに書き加えられた（保育所保育指針には内容の取扱いが新たに書き加えられた）部分である。これら，内容の取扱いについては，3領域「表現」の内容の項の中で既に説明しているので，そちらを参考にされたい。

---

　*1　指針では子ども，保育要領では園児　*2　指針では保育士等，保育要領では保育教諭等
　*3　指針では子ども，保育要領では幼児期

演習課題1

① 自分の子ども時代に行った表現活動には，どんなものがありましたか。

② ①で挙げた表現活動で，楽しかったこと，うれしかったこと，またその反対に，嫌だったことを挙げて，その理由を考えてみましょう。

引用・参考文献

厚生労働省　保育所保育指針　平成29年告示　2017

津守真　子どもの世界をどうみるか　行為とその意味　日本放送出版協会　1987

内閣府・文部科学省・厚生労働省　幼保連携型認定こども園教育・保育要領　平成29年告示　2017

東山明・東山直美　子どもの絵は何を語るか　発達科学の視点から　日本放送出版協会　1999

文部科学省　幼稚園教育要領解説　2008

文部科学省　幼稚園教育要領　平成29年告示　2017

文部省　幼稚園教育要領　昭和39年告示　1964

2章
乳幼児期の「表現」の発達

1節　0歳児の表現の姿

　2017（平成29）年に告示された保育所保育指針には，乳児（1歳児未満）の保育のねらい及び内容について，「健やかに伸び伸びと育つ」「身近な人と気持ちが通じ合う」「身近なものと関わり感性が育つ」ことの重要性が明記されている。「健やかに伸び伸びと育つ」は身体的な発達に関する視点であり，5領域の健康との連続性を意識することが求められる。「身近な人と気持ちが通じ合う」は社会的な発達に関する視点であり，言葉と人間関係との連続性ならびに受容的で応答的な保育者のかかわりを押さえた養護の役割を示している。そして，「身近なものと関わり感性が育つ」は精神的発達に関する視点であり，表現や環境との連続性について言及している。このことから，0歳児の表現の姿には，子どもの精神的な発達の保障が重要視されているといえよう。
　以上を踏まえ，具体場面を通して0歳児の発達を支える表現にかかわる環境や援助，それに伴う子どもの姿に対する理解を深めよう。

1　あつまり：歌・手遊び
　0歳児8名が朝の歌でクラスの一体感や同調性を高めていく様子を子どもの心身の発達と共に5月末，7月末，2月中旬と時期を追って見ていこう。この場面は，朝のおやつの後に，あつまりで歌や手遊び，絵本の読み聞かせを行うといった流れの一部分である。

〈事例1：5月末（5ヵ月未満3名，5ヵ月〜1歳1ヵ月5名）〉

　朝の歌は，4月中旬から毎朝，同じ時間に同じ場所で行われている。子ども1人1つずつ保育者がダンボールで作った車に乗り，主の保育者を囲うようにして朝の歌に参加。主と副の保育者2名で8名の子どもたちを囲うように座り，保育者3名ともリズムに合わせて身体を左右にゆったり揺らしたり，（楽しいね）と子どもたちと目を合わせたりしている。子どもたちは，まだ身体を揺らしたり，声を発したりする姿は無いが，じっと保育者の歌っている様子を見ている。

〈事例について〉

　入園して日は浅いが，泣いて嫌がることは無く，じっと主の保育者の姿を見ている子どもたちの姿から，この歌の場面に安心感を少なからず抱いていることがわかる。それは，「いつも楽しいことをしてくれる場所」「自分が安心して過ごせるテリトリー」等，繰り返し同じ場所で，子ども1人1つずつダンボール製の車に乗っているという環境が関係していると考えられる。また，保育者のゆったりとした動きも安心感につながりやすい。この事例では，「健やかに伸び伸びと育つ」素地となる「身近な人＝保育者と気持ちが通じ合う」ということが，とくに大切にされている。直接的に「身近なものと関わり感性が育つ」という表現にかかわる子どもの姿は見られないものの，その意欲を高めるための，情緒の安定と身近な人への信頼感は築かれつつあることがうかがえる。つまり，身近な「もの」とのかかわりがなくとも，皆で集まって歌を聞いたり，手遊びを見たりすることに関心を寄せる感性は育ちつつあるといえよう。

〈事例2：7月末（7ヵ月未満3名，7ヵ月〜1歳3ヵ月6名）〉

　入園して3ヵ月が過ぎた。途中入園1名含め，クラスの半数以上がつたい歩きや歩行を始めている。しっかり自身の力で座れることのできる子どもがほとんどになったので，月齢の低い2名のみ5月末と同様にダンボール製の車に乗っているが，他の子どもたちは，保育者が作った牛乳パック製の長いすに座っている。おやつが終わると，歩行が確立している子どもたちは，自ら進んで長いす目がけて歩き，座る。この時の環境も，子どもたちが主の保育者を囲うように，長いす2本をV字に置き，その中央に車を2台置く形であった。この頃になると，主の保育者の動きやリズムに合わせて，身体を揺らしたり，腕を振ったりする子どもたちが半数以上となっている。長いすに座る月齢の高い子どもたちは，保育者だけでなく，他の子どもたちの顔ものぞきこんで顔を見合う姿が見られる。

〈事例について〉
　粗大運動の発達や保育者との関係性の変化から，子どもたちの同調性の高まりが見られる。また，子どものテリトリーが個々の車から複数名で一緒に座る長いすになっても，場所へのこだわりから生じるトラブル等は無い。このことから，場所へのこだわりよりも，この場面や活動への期待感や安心感を子どもたちは優先していることがうかがえ，精神的な発達が認められる。それは，保育者やクラスの友達と同調することの楽しさを繰り返し体感・実感することで，座ると楽しいことが始まる長いすに子ども自ら座っている姿からもわか

る。入園してからの毎日の朝のあつまりにより,「身近な人＝保育者＋友達と気持ちが通じ合う」ことの積み重ねと広がりが認められる。これは,事例1において,保育者との応答的なかかわりがあったからこそ,事例2では,身近な人が保育者＋友達へと広がっていったということである。その上で,自ら長いすに座り,朝のあつまりに参加するという「身近なものと関わり感性が育つ」ことが少しずつ保障されつつあり,心身ともに「健やかに伸び伸びと育つ」姿へとつながっていくと言える。

つまり,これら3つの視点は,毎日の積み重ねであると同時に,相互作用によりつながりや広がりを豊かにしているといえよう。

2 遊び

〈事例3：2月中旬　微細運動〉

微細運動の発達として,5～6ヵ月くらいでものを握れるようになり,1歳前後でものをつかんだり,つまんだりできるようになる。そういった微細運動を刺激しながら,人やものとのかかわりの楽しさを子どもたちに味わわせたいと願い,ゆったりと穏やかな声で歌を口ずさみながら,様々な色のオーガンジーをふわりと子どもの顔にかける保育者。その歌は,『いないいないばあ』(阿部恵作詞 家入脩作曲)である。

「♪いないいないば～だれでしょうね～いないいないば～だれでしょうね～」とゆったりささやくように歌いながら,オーガンジーを子どもの顔にかける。オーガンジーは透けて周りが見えるた

緊張

解放

め，保育者は子どもとしっかり目を合わせている。1番を歌い終えてから，「♪いないいないばあ〜」という掛け声と共に子どもにかけたオーガンジーを取る。両手で行う「いないいないばあ」と同様，緊張（オーガンジーをかぶっており，いつ取るかな……とワクワクしている状態）と解放（オーガンジーを取って保育者と顔を合わせる状態）の楽しさがあり，保育者がオーガンジーを取ってくれるのをワクワクと待つ姿や，保育者の歌に合わせて自分でオーガンジーをかぶり，シュッと取る姿がある。

〈事例について〉

　オーガンジーという透ける素材により，子どもたちは保育者と目を合わせながら，緊張と解放が楽しめている。それは，子どもが自身でオーガンジーをかぶり，取るという行為をすすんで行っている様子からもわかる。このことは，まさに「身近なものと関わり感性が育つ」という視点に当てはまる。0歳児という人との受容的で応答的なかかわりを求め，握る・つかむことができる発達過程だからこそ，オーガンジーというものを活用した実践が「先生と目が合って安心する」ことを前提に，「楽しい」「自分でもやってみたい」という感性を刺激したのではないだろうか。

　また，保育者がゆったりと歌を歌いながら，その歌に合わせてオーガンジーを子どもにかけたり，取ったりという心地よいリズムにより，「健やかに伸び伸びと育つ」「身近な人と気持ちが通じ合う」ことも保障されていると考えられる。

〈事例4：2月中旬　粗大運動〉

　粗大運動の発達として，7〜8ヵ月くらいには，一人で座り，はって移動するようになり，1歳前後でつたい歩きができるようになる。自分の意思で移動ができるということは，子どもにとって好奇心を刺激し，探索活動を活発にする。そういった心身の発達，中でも粗大運動を意識した活動を保障するために，保育者はイラストのような遊具をダンボールとスズラ

ンテープ, レースで作成した。蛇腹のように作成された遊具は, 子どもがはいはいでそこまで行き, カーテンのようにヒラヒラしているスズランテープやレースを触ったり, 保育者と「いないいないばあ」で遊んだりする。伝い歩きができる子どもは, ダンボールを支えとして持ちながら歩き, 時々, スズランテープやレースのカーテンを手で触ったり, かがんで「いないいないばあ」を楽しんだりする。

〈事例について〉

　事例4から, 子ども自身の意思で, 移動が可能になった際,「あそこに行きたい」「触ってみたい」というもの（カーテンのようにヒラヒラしているスズランテープやレース）や場所（ダンボールで作った遊具）といった環境を設定することが重要であるとわかる。そこに,「いないいないばあ」を一緒に楽しんでくれる保育者の存在も大きく影響していると言える。つまり, 0歳児の粗大運動を刺激する表現活動に欠かせないものは, 伝い歩きをしても安定感のある場（ダンボール製の遊具）や魅力的なもの（ヒラヒラとした触りたくなる素材2つ）, 緊張と解放を共に楽しんでくれる人的環境（保育者や友達）である。これは, まさに「身近なものと関わり感性が育つ」視点を網羅しており, 身近な遊具や素材, 保育者とのかかわりにより, 精神的な発達である「はいはいしたい」「伝い歩きしたい」「ヒラヒラに触ってみたい」「いないいないばあをしたい」という豊かな感性を育んでいる。

3　まとめ

　0歳児は, 心身共に目覚ましい発達の可能性に富んでいる。その中でも, 精神的な発達と直結している領域表現の姿は, まさに保育所保育指針で変わらず

言及されている人・もの・場の相互の関連で成立していることが事例1〜4で明らかになった。

　同じ場所（場）・拠点（椅子など）で繰り返し実践される楽しいリズム（人）により，表現したいという気持ちの前提となる安心感や場・人への信頼感が得られる。また，魅力的な場やもの，人との応答性やリズムの共有，緊張と解放のおもしろさが，微細運動，粗大運動を保障しながら表現による精神的な発達を刺激しているのである。「身近なものと関わり感性が育つ」ことを保障するためには，ものや場といった物的・空間的環境だけでなく，安心できる人，楽しく心地よいリズムを共有できる人といった人的環境も重要なのである。つまり，「身近な人＝保育者と気持ちが通じ合う」をスタートとし，「身近な人＝保育者＋友達と気持ちが通じ合う」ことの積み重ねと広がりがあってこその「身近なものと関わり感性が育つ」であり，「健やかに伸び伸びと育つ」ことが中長期的に安定・定着することにつながっていくのだと考えられる。

2節　1歳児の表現の姿

　2017（平成29）年に告示された保育所保育指針には，1歳以上3歳未満児の保育に関するねらい及び内容について，従来の3〜5歳児と同様に5領域で示されている。その中でも，表現の領域に注目し，具体的な場面を通して理解を深めるために，表現のねらい及び内容を**表2－1**に示し，具体事例のどこにつながっていくのか対応させながら見ていこう。

1　あつまり：わらべうた

〈事例5：ぺったらぺったん〉

　保育者の周りに2名の子どもがおり，保育者がお手玉をゆったり大きなフリをしながら①「♪ぺったらぺったん，ぺったらぺったん，ぺったらぺったん……」と交互に左右の手に移動させる。保育者の「ぺったらぺっ

表2-1 1歳以上3歳未満児の保育に関わるねらい及び内容

> 表現
>
> (ア) ねらい
> ① 身体の諸感覚の経験を豊かにし，様々な感覚を味わう。
> ② 感じたことや考えたことなどを自分なりに表現しようとする。
> ③ 生活や遊びの様々な体験を通して，イメージや感性が豊かになる。
>
> (イ) 内容
> ① 水，砂，土，紙，粘土など様々な素材に触れて楽しむ。
> ② 音楽，リズムやそれに合わせた体の動きを楽しむ。
> ③ 生活の中で様々な音，形，色，手触り，動き，味，香りなどに気付いたり，感じたりして楽しむ。
> ④ 歌を歌ったり，簡単な手遊びや全身を使う遊びを楽しんだりする。
> ⑤ 保育士等からの話や，生活や遊びの中での出来事を通して，イメージを豊かにする。
> ⑥ 生活や遊びの中で，興味のあることや経験したことなどを自分なりに表現する。

たん」のリズムに合わせて体を揺らす子どもたち。②「♪神棚(かみだな)へ～」で，お手玉を保育者の頭に乗せる。「拝んで～」とお手玉を頭に乗せたまま拝む真似をして「お皿作って～」とまだお手玉を頭に乗せたまま胸の前あたりにお皿を両手で作る。子どもたちが（いつお手玉が頭の上から落ちてくるかな）とワクワクしている様子を見ながら，③少し時間を置いて「ぽとん！」と頭の上から，手で作ったお皿にお手玉を落とすと，子どもたちは，「きゃー！」と喜んだり，体をねじらせたりして楽しさを表現する。

〈事例について〉

　この事例においても前節の「いないいないばあ」と同じ原理で，緊張と解放の楽しさがある。「♪神棚（かみだな）へ〜」でお手玉が保育者の頭の上に乗ったところから緊張＝ワクワクが始まり，「拝んで〜」「お皿作って〜」の間もそのワクワクは続き，「ぽとん！」で解放が生まれ，「楽しかった！」につながっていく。また，いきなり緊張と解放を楽しむのではなく，「♪ぺったらぺったん…」の単純でゆったりとした繰り返しのリズムに体を左右に揺らすという同調があったからこそ，一層，緊張と解放の楽しさが増したと考えられる。この事例と表現のねらい及び内容を照らし合わせると（表2−1，〈29頁〉），ねらいの①〜③はどれも関係しており，お手玉という教材を用いて，同調しやすいリズムを体感し，子ども自身も同じリズムで表現することを楽しんでいる。内容については，②③④が主に関係している。子どもの表現活動にとって，リズム，動き，音といった要素が含まれる手遊びやわらべうたの重要性があらためてうかがえる。

2　遊び

a　室内遊び

〈事例6：シャカシャカ・ブーン〉

　室内の自由遊びでは，ままごと，構成，製作＆微細運動コーナーの3つが設定されている。これは，保育所保育指針にも明記されている保育の環境を成立させている人・もの・場の相互関連を豊かにするコーナーの基本

である（小川，2010）。

　ままごとコーナーでは，チェーンリングやペットボトルキャップをカラーテープで巻いたもの等をごちそうに見立て，大きめのフライパンやお鍋，ボールに入れて子どもたちや保育者が混ぜたり，炒めたりするフリをすることで，チェーンリングやペットボトルが金属製の調理器具にあたり，シャカシャカシャカとかカランカランとリズミカルに音がする。また，木製のまな板と包丁でごちそうを切るフリをすると，トントントンという音がする。製作コーナーで子どもたちが作ったごちそうとしてお花紙を丸めて作ったトマトやおにぎり等がある。

　構成コーナーでは，保育者が作ったダンボールの道路の上を，子どもたちが製作コーナーで作ったマイカーを「ブーン……」と言いながら走らせている。その道路には，子どもたちが実際に日常的に利用しているスーパーや自分の家に見立てた家などもあり，お話の世界が広がっている。

　製作＆微細運動コーナーでは，子どもたちや保育者が構成コーナーで使うマイカーを作るために，空き箱に黒いシールでタイヤ，黄色いシールでライトをつけたり，様々な形・色のビニールテープを貼ってマイカーのデコレーションを楽しんでいる。同じ拠点で，パズルを楽しむ子もいるが，楽しそうに車を作っている子の様子を時々見ている姿がある。

　どのコーナーも，保育者がいなくとも子どもたち自身がトントントンやブーンなどのリズムのある言葉を発しながら遊びを継続する姿が見られた。

〈事例について〉

　この室内遊びの事例にも，**表2－1**（29頁）表現のねらい①～③が込められている。具体的な内容と照合すると，①②③⑤⑥が関連するだろう。空き箱，シール，お花紙，キッチン道具等様々な素材やものに触れ，それを使って遊びのイメージを子ども自身の生活体験等から車やスーパー，家等で表現している。また，保育者がいなくとも子どもたちだけでリズムのある言葉を発しなが

ら遊びを継続している姿から，ままごとでのトントントン，車を走らせる際の
ブーンなど，遊びの中にリズムがあることで，子どもたちの自立的な遊びにつ
ながっていると推察される。

b 戸外の自然

〈事例7：ぐちゃぐちゃ・ぽちゃん〉

　タツヤが泥遊びの際，手に泥を握りしめ「ぐちゃぐちゃ」と言葉にし
て保育者に伝えた。保育者は「本当だ。ぐちゃぐちゃだね」と一緒になっ
て泥の感触を味わった。また，アキコが水の中に泥を落とし，泥の広が
る様子を見つめ，泥が落ちる音を「ぽちゃん」とつぶやいていた。それ
を見て聞いた保育者は，同じように泥を水に落とし，「ぽちゃん」と言葉
にした。

〈事例について〉

　この事例も表2−1（29頁）のねらいの①〜③が関係している。内容につい
ては，①③⑥が該当するだろう。泥や水という可塑性に富み，子どもの表現を
豊かに刺激してくれる素材を通して，その手触りや触ったことによって生じた
音に気付いたり感じたりして楽しむ様子がうかがえる。またその子どもの気付
きつぶやきを保育者が受け止め，子どもと同じように泥の感触を味わい，泥と
水が交わり合った際の性質を楽しむ様子を同じ動きと言葉で表現したことは，
子どもたちの表現活動の意欲を刺激しただけではなく，「自分を見ていてくれ
た」「受け止めてくれた」という安心感，信頼感にもつながるだろう。

c 生活

〈事例8：くさい……〉

　ユウスケが，排便の処理中に「くさい」と言ったので，保育者が「そう
だね。くさいね。これは，いいうんちのにおいだよ」と答えた。

〈事例について〉

　香り，匂いには，様々なものがあり，子どもにとって「いい匂い」ばかりではない。この事例で子どもは，自分の排便の匂いを素直に「くさい」と表現している。それに対して，保育者が単に「くさいね」とユウスケの表現を受け止めるだけでなく，「いいうんちのにおいだよ」と答えることによって，香り，匂いに対する様々な捉え方や表現の仕方を子どもが得られるチャンスになったと考えられる。この事例も表現のねらい①～③が込められており，内容については，③⑤⑥が関連している（**表2－1**〈29頁〉）。様々な感性や表現方法を体験する場は，遊びだけでなく，生活の場にも存在しているということがわかる。

3　食育

〈事例9：オクラとピーマンを育てたよ〉

　園の畑で，オクラとピーマンを育てている。保育者とクラスの子どもたち15名は畑に行く。マサトはオクラのうぶ毛を触り「フワフワだね」と保育者に伝えた。また，ピーマンの匂いを全員で嗅ぐと，言葉には出さないが，顔をゆがめるユメコ。保育者が「どんな匂いがした？」とたずねると，「なんか変」と答えるユメコ。

〈事例について〉

　畑において，視覚でオクラのうぶ毛を捉え，触覚や嗅覚でオクラのうぶ毛のフワフワした感じやピーマンの匂いを感じているため，ねらいの①～③につながっていると言える。内容は，③⑤⑥に関連しており，オクラのうぶ毛の手触りやピーマンの香りを身近に感じている（**表2－1**〈29頁〉）。うぶ毛については，「フワフワ」と言葉で表現しているが，ピーマンは表現しがたいが好きな匂いではないことが顔をゆがめていることや「なんか変」という言葉からうかがえる。この表し方も，子どもなりの表現といえよう。

4　まとめ

　1歳児の発達過程として，つまむ，めくるという指先の機能や象徴機能が発達し，見立て遊びが活発になると共に，語彙が増加し，自身の意思や欲求を言葉で伝えられるようになる。基本的な運動機能も発達し，リズムに合わせて体を動かしたり，簡単な手遊びを楽しんだりするようになる。その発達を踏まえ，見立てを豊かにできる素材（チェーンリングやお花紙等）やリズムのある動き（トントントン，シャカシャカシャカ，ブーンやわらべうた等）があり，それを子どもと共に楽しむ保育者や子どもの姿が認められた。また，子どもが体験したこと，気付いたことに対して自身の言葉で表現することが可能になるため，その気付きを保育者は受け止めたり，共感したりすることが情緒の安定と表現の意欲を高めることに通じるといえよう。

3節　2歳児の表現の姿

　2歳児は自我の拡大から充実に向かう時期である。自己主張が強くなり，大人が手を出そうとすると「いや！」と拒んだり，「じぶんで！」と激しく怒ったり，泣いたりする。

　気持ちを察すれば，きっと身の回りのことができるようになった自分が誇らしく，周りの大人からも褒めてもらいたい，認めてもらいたいといった思いがあるのだろう。「いや！　じぶんで！」の裏側にあるこうした子どもの気持ちや育ちを保育者は理解したり，子どもが思いを自由に表現したりできるかかわりを大切にしたい。

　また，気持ちと行動が伴わないことや不安を感じると，急に大人に甘えたり，「やって！」と言ったりすることも多々ある。楽しい，面白い，怖いなど様々な感情の表れを保育者は受け止めてかかわりたい。

　子どもが遊びや身近な環境を通して，豊かな感性や表現する力をどう養い，創造性を豊かに育んでいるのか，2歳児の遊びの様子から考えていく。

1　2歳児前半の姿から

〈事例10：おもしろいことがいっぱい　5月〉

　保育所の近くに市民会館がある。広々とした駐車場も休館日は園児たちの貸し切りの場になる。池の鯉や亀，植込みの木々，会館入口につながる階段やスロープは子どもたちの格好の遊び場だ。

　つつじの植込みに隠れているサキやセイタに，保育者が「も〜いいかい」「どこかな〜」と言いながら近づく。「あっ！　サキちゃん，セイちゃん，み〜つけた」目が合った瞬間，キャッキャッと笑い声が辺りに広がる。「モウイッカイ」と再びつつじの木の辺りに隠れ場所を探し，身体を屈ませ保育者にみつけてもらうことを喜ぶ。

　イツキは蜘蛛の巣をみつけた。「クモ，クモイタ！」「クモ？」と，アツシとコウヤが寄ってきた。3人は興味半分，怖さ半分の様子で，じっと蜘蛛を見たり，蜘蛛の巣にそっと小石や葉っぱを乗せたりする。蜘蛛が急に動くと，3人は「ワ〜」と驚きの声を上げた。

　階段やスロープも格好の遊び場で，アヤカは緩やかな階段をゆっくり昇ったり降りたりしている。ユウタロウはスロープを駆け下りることを繰り返す。カズキは何を思ったのか，その場で寝転がった。身体を横にしてスロープを転がってみようとしたのだ。時々，リズム室で保育者が弾くピアノの曲に合わせて汽車になったり，ドングリになったりして遊んでいる動きが浮かんだのだろう。カズキが転がる姿に合わせて　♪ドングリドングリこ〜ろころ……と歌ってみた。その様子に他の子どもたちも「ヤルヤル」と入ってきた。

〈事例について〉

　市民会館の庭は，子どもたちの直接体験の場であり，環境に能動的にかかわり，表現を豊かにさせる格好の場所だ。蜘蛛に気付かれないようにそっと石や落ち葉を置く，見つからないように身体を屈める，階段の上り下り，スロープ

を駆け下りる，身体を横にして転がるなど対象物に応じた様々な身体表現が見られる。粗大運動の基礎がつくられてきている年齢である。育ちつつある身体能力を試したり確認したりしている姿とも受け取れる。保育者は子どもたちの姿を肯定的に受け止め，子どもの動きに併せて「も～いいかい？」とかくれんぼに加わったり，スロープを転がる様子に合わせ歌ったりして応答的にかかわることを大切にした。そういった保育者の姿が，その場の雰囲気を和ませ，楽しくさせた。保育者との信頼関係や安心感が子どもの表現活動をより活発にさせる。

〈事例 11 - 1：石の合奏，はじまりー　7月〉
　セイタが「石ミツケタヨ」と，嬉しそうな表情で保育者に見せにきた。
　「わーセイちゃん，いいの見つけたね」「先生にもちょっと触らせてくれる？」「イイヨ」「セイちゃんの石，丸くてつるつるしてるね」「気持ちいいね」。
　このやりとりを見ていたコウタも石を探し，「ボクモミツケタヨ，ミテミテ！」と握っていた両手を広げた。「あら，コウちゃん大きいのと小さいの2つも見つけたんだね」「2つ合わせたらどんな音がするのかな」
　保育者がコウタの見つけた石を借りて，カチカチと叩いてみせた。コウタもカッチカッチ同じ動きをする。
　保育者も近くから石を拾ってきて『♪とんとんとんとんひげじいさん……』や，『♪こちこちかっちんおとけいさん……』と石をカチカチさせながら歌ってみた。その様子を見ていた他の子どもも一緒に叩きながら歌い出し，石の合奏が始まった。

〈事例について〉
　石の種類によりツルツル，ザラザラ，ごつごつなど感触の違いや，灰・乳白・黒色など色や形，大きさも様々である。大・小，長・短，多い・少ないといった概念が分かってくる時期でもある。子どもたちと，変わった形を探した

り見比べたりして遊ぶのも面白いし，保育者の歌に合わせながらみんなでカチカチ音遊びをするのも楽しい。

　子どもが石を握っていると「投げると危ない」といった危険予知が真っ先に働き，否定的な声掛けや観方に陥りやすいが，子どもの行動には必ず意味があることを理解し，子どもの思いを尊重したかかわりに心がけたい。保育者との温かなやりとりが表現を豊かにする。

〈事例11－2：何に見える？　7月〉
　保育者が「コウちゃん，この石，何かの形に似てるね」「何に見える？」と投げかけた。「……ジドウシャ」「見える，見える。自動車に見えるね」「自動車どこにいくのかなぁ？」「ドウブツエンジャナイ」「ママとパパとイッタコトアル」このやり取りを傍で聞いていたセイタやサキも，石を探して保育者のところに持ってきた。
　「イチゴノイシ」「オウチ！」「バスダヨ」など会話が弾む。保育者はポケットの中からペンを出すと，子どもたちが見立てたイチゴや家の絵を石に描いた。
　保育所に帰ると，みんなで棚の上に並べたり，飾ったりして眺めた。

何に見える？

〈事例について〉
　2歳は見立て遊びやつもり遊びが楽しくなってくる時期である。沢山の中から1個の石を選び，想像力を働かせ連想したり見立てたりし「イチゴ」「クルマ」をイメージした。保育者が子どものイメージに共感的，肯定的にかかわっていくことで，子どもの表現活動は活発になる。
　子どもが石の形から，様々にイメージしたものを保育者が描き，可視化したことで，友達とのやりとりが生まれたり，一緒に飾ったり眺めたりする経験が

できた。同じ経験の共有は「友達と遊ぶのは楽しい」「一緒に○○したい」という友達への関心を高め，表現活動を豊かにするだろう。

2　2歳児後半の姿から

〈事例12：ドングリのマラカス作って遊ぼう　11月〉

　ドングリを1個ずつ摘まんで乳酸菌飲料の空き容器に入れる。指先の動きも巧みになってきた。「イッパイ，オチテタネ」「ホラ，イッパイアルヨ」と，メグミとユキは，昨日散歩で拾ってきたドングリを見せ合っている。

　容器の外側にはシールを貼る。トキヤは無造作にめくっては貼っているが，カズキは色を選び，丁寧に並べながら貼っている。保育者が出来上がったマラカスを振りながら「○○ちゃん♪」と一人一人の名前を呼ぶ。

ドングリのマラカス

「ハアイ（……）」と返ってくる。「どんな音がする？」と聞くと，「ガラガラッテキコエル」「ゴッソゴッソ」聞こえ方も違う。

　保育者が歌う『♪どんぐりころころ』『♪むすんでひらいて』などに合わせながらみんなで一緒にマラカスを振ったり動きを楽しんだりした。

〈事例について〉

　散歩で拾ってきたドングリを空き容器に入れ，マラカスを作る。容器の外側にはシールを貼るなど，一つひとつの工程が子どもの表現そのものであり，自分で作る楽しさや，できた時の喜び・嬉しさ，ものに対する愛着を深める。

　また，友達の作ったものへの関心，自分のこだわり，憧れが今後の造形表現につながっていく。

　歌に合わせその場でマラカスを振る，歩きながら振る，友達と一緒に振るな

ど様々な動きや音遊び，その時の子どもの表情，視線，動きの様子など，言葉以外の表現にも注意深くありたい。

〈事例 13：インディアンだー　11月〉
　遊歩道の街路樹に目を向けると，黄や朱に染まった落ち葉が根元に敷き詰められていた。思わず「わーきれい！」と保育者が発した。両手ですくって「落葉のシャワー〜」と降らせてみせる。子どもたちも「シャワー，シャワー」「ふってきたよ〜」と同じように真似ては「キャッキャッ」と笑ったり，両手を広げ葉っぱになったりしてクルクル回った。

　保育者が落ち葉を数枚拾って，被っていたサンバイザーに挿すと，口元に手を当てながら「インディアンだ〜アワワワ……」と顔や足を上下に動かしインディアンの真似をしてみせた。面白く感じたのか，「ほしい」「やりたい」と言う声から，落ち葉集めになった。
　自慢げに「赤いハッパ！」と差し出したり，「キレイデショ！」「コレモキレイダヨ」と互いに見せ合ったりする姿が微笑ましい。
　集めた葉っぱは園に持ち帰り，午睡中に全員分のインディアンハットを作っておいた。
　3時のおやつ後，インディアンごっこの始まり〜。保育者の動きを真似たり，保育者が歌う『♪ 10人のインディアン』に合わせたりしながら思い思いに身体を動かして楽しんだ。

〈事例について〉
　街路樹の落葉がとてもきれいで，保育者は感じたままを「わーきれい」と発した。保育者自身が美しい，きれいだと感じる感性が，子どもたちの気持ちを大きく動かす魅力になる。

「落葉のシャワーだよ～」保育者がやって見せる姿に面白さを感じたのか，同じように真似てシャワーごっこが始まった。保育者の動きや姿は子どもたちのモデルや刺激になる。落葉を両手で集め「ワッ～」と大きな声を発しながら空に向かって飛ばしたり，両手を広げて落葉のようにクルクル舞ったりと，子どもたちの表し方も様々だ。表現する楽しさが湧いてくる。一緒に遊びながら大好きな保育者に名前を呼んでもらう，抱きしめてもらうといった喜びや嬉しさも，子どもたちの身体表現を豊かにさせ，伸び伸びと表現することにつながる。

〈事例14：おおきなかぶごっこ　1月〉

　散歩途中，道端に長く伸びた雑草が目にとまったセイタ。両手で草をつかむと「ウントコショ，ドッコイショ」と言いながら引っ張り始めた。

　少し前に保育者に読んでもらった絵本「大きなかぶ」をイメージしたのだろう。セイタの姿に保育者が調子をあわせ「まだ，まだ抜けません」「誰か，助けてくれる子はいませんかぁ～」と言うと，カズキやリナがセイタの後ろにつかまって加勢する。

保育者が作ったお面

　この遊びがきっかけとなり，園でも「大きなかぶごっこ」が始まった。保育者がおじいさん役になり，「カブが大きくなって抜けないんじゃよ。誰か手伝っておくれ～」と言うと，「いいですよ～」と，ぴょんぴょんウサギが跳ねてくる。ウルトラマンが「シュワッチ！」とポーズを決め，おじいさんの手伝いに加わる。他にも，子どもたちが好きな動物やテレビのキャラクターが登場。保育者が作っておいたお面を被ると，更に役になりきり楽しむ姿が見られた。

〈事例について〉

　ウルトラマン役のセイタはお面を被っている時はウルトラマンになりきっている。憧れの姿になり，かっこよくポーズを決めて様になっている。お面を外した瞬間の表情は"どお，実は僕だったんだよ"と少し得意げであり，保育者が驚嘆する様子を期待しているようにも感じられる。保育者は「へ〜え，そうだったの！」「ウルトラマンだと思ってた。セイちゃんだったの?！」と，驚いた様子で返した。

　2歳児後半になると，見立て遊びやつもり遊びから，ものを媒介にしたごっこ遊びを楽しむ姿がみられるようになってくる。特に，お面や，身にまとうものがあると，表情や言葉，動きまで憧れのキャラクターや人物を真似て役になりきる。お面やごっこ遊びに使う小道具，他にも楽器や歌などは，表現する楽しさを引き出す役目をする。

　また，様々な生活や遊びの中で味わった経験が子どもの心身を豊かにし，造形，音楽といった表出活動につながる基礎を培っている。そこには，表現活動を豊かにする保育者のかかわりが大切な役割としてある。

4節　3歳児の表現の姿

1　3歳児の表現を領域「表現」から考える

　2018年4月から新しい「幼稚園教育要領」「保育所保育指針」「幼保連携型認定こども園教育・保育要領」が施行された。3歳児以上の保育内容「領域」のねらい及び内容は共通となり，幼児教育の目指す方向性が明確になった。

　また，0，1，2歳児における教育の重要性が示され，「保育所保育指針」「幼保連携型認定こども園教育・保育要領」においては，1歳以上3歳未満児の保育に関するねらい及び内容が3歳児以上とは別に示されている。3歳児以上の発達の特徴を踏まえながら，領域「表現」を視点として，育みたい資質・能力を，子どもの生活する姿から考えていきたい。

表2-2 保育所保育指針

1歳以上3歳未満児の保育に関わるねらい及び内容	3歳以上児の保育に関するねらい及び内容
感じたことや考えたことを自分なりに表現することを通して，豊かな感性や表現する力を養い，創造性を豊かにする。 （ア）ねらい ①身体の諸感覚の経験を豊かにし，様々な感覚を味わう。 ②感じたことや考えたことなどを自分なりに表現しようとする。 ③生活や遊びの様々な体験を通して，イメージや感性が豊かになる。 （イ）内容 ①水，砂，土，紙，粘土など様々な素材に触れて楽しむ。 ②音楽，リズムやそれに合わせた体の動きを楽しむ。 ③生活の中で様々な音，形，色，手触り，動き，味，香りなどに気付いたり，感じたりして楽しむ。 ④歌を歌ったり，簡単な手遊びや全身を使う遊びを楽しんだりする。 ⑤保育士等からの話や，生活や遊びの中での出来事を通して，イメージを豊かにする。 ⑥生活や遊びの中で，興味のあることや経験したことなどを自分なりに表現する。	感じたことや考えたことを自分なりに表現することを通して，豊かな感性や表現する力を養い，創造性を豊かにする。 （ア）ねらい ①いろいろなものの美しさなどに対する豊かな感性をもつ。 ②感じたことや考えたことを自分なりに表現して楽しむ。 ③生活の中でイメージを豊かにし，様々な表現を楽しむ。 （イ）内容 ①生活の中で様々な音，形，色，手触り，動きなどに気付いたり，感じたりするなどして楽しむ。 ②生活の中で美しいものや心を動かす出来事に触れ，イメージを豊かにする。 ③様々な出来事の中で，感動したことを伝え合う楽しさを味わう。 ④感じたこと，考えたことなどを音や動きなどで表現したり，自由にかいたり，つくったりなどする。 ⑤いろいろな素材に親しみ，工夫して遊ぶ。 ⑥音楽に親しみ，歌を歌ったり，簡単なリズム楽器を使ったりなどする楽しさを味わう。 ⑦かいたり，つくったりすることを楽しみ，遊びに使ったり，飾ったりするなどする。 ⑧自分のイメージを動きや言葉などで表現したり，演じて楽しんだりするなどの楽しさを味わう。

　まず，「保育所保育指針」の1歳以上3歳未満児の保育にかかわるねらい及び内容と3歳以上児の保育に関するねらい及び内容を比較することで，3歳以上児の「表現」にかかわる姿を捉えてみる（**表2-2**）。

　ねらいにおいて，「豊かな感性」「感じたことや考えたことを自分なりに表現する」「イメージを豊かに」と網掛け部分に示したように，同じ文言が挙げら

れている。3歳以上児のねらいとして求められていることは，波線部分から考察すると，3歳未満児において経験したことや体験したことを通して得た感覚を基にして，感性を豊かに育てていくことや，子どもが自分なりに表現することを楽しいと感じられるような経験を重ね，子ども自身が表現することの楽しさを味わい，満足感が得られることであると言える。

次に内容から考察すると，3歳未満児においては，自然物を含め，子どもの周りのすべての環境との触れ合いを通した経験やもの，おと，からだ，ことばを通して育む感性が重視されており，3歳以上児においては，3歳未満児の内容を基にして，"伝え合い" や "かく" "つくる" そして "歌" "動き" "楽器" "演じる" などを通して表現する楽しさを味わうことが記されている。

そして，これらのねらい及び内容における表現として，子どもが主体的に経験したり，楽しんだりするものとしており，保育者が「～をさせる」や子どもの「～ができるようになる」という文言は用いられていない。もちろん，これは3歳児だけのことではなく3歳以上児すべてのねらい及び内容であることを忘れてはいけない。

2 3歳児にとって必要な活動とは

3歳児とは言っても，初めて集団生活をする3歳児と，既に1～3年間の集団生活を経験している3歳児では，それまでの体験が大きく異なっている。家庭における成育状況も含め，3歳児は特に様々な育ちの環境が異なることを配慮した援助が必要になってくる。3歳児の保育においては，幼児期の終わりまでに育って欲しい姿に向けて，3歳児の今だからこそ大切にしたい保育について考えていく必要がある。表現においては豊かな感性をもつこと，表現を楽しむことの基礎を培っていきたい。

筆者がある園を訪れ，3歳児の姿に驚かされたことがあった。帰りのひとときの時間の出来事である。保育者が「みんなで歌を歌いましょう」と声をかけた。子どもたちは保育者のピアノの合図で動いた。1つ目の音で立ち上がり，2つ目の音で腕を背中で組み，足を肩幅に開いた。移動式のボードには歌詞を

書いた紙が20枚ほど重ねて貼ってあり「1曲目，2曲目……」と歌詞の紙をめくりながら歌が進んでいった。3歳児には少しテンポが速く，どの歌も同じ音の強さの伴奏だった。歌詞が分からなくなったり，音程が外れたりすると「違うよ，もう1回」「ここからやり直しね」と繰り返し，歌は16曲続いた。子どもたちの表情は歌詞を読むことに一生懸命で，1点を見つめて真剣そのものだった。そして，すべての歌が終わった時に保育者は「みんなだいぶ上手くなったね。まだ覚えてない曲もあるから頑張って覚えようね」と声をかけた。子どもたちは深く頷いていた。

　あなたは歌を歌うことがありますか。嬉しい時や楽しい時についつい鼻唄を歌ってしまうことはありませんか。

　歌を歌うことで，子どもたちのどのようなところが育っていくと思いますか。あなたはどのような願いをもって子どもたちと歌を歌いますか。

　3歳児は保育者の姿をモデルとして，保育者の影響を大きく受けて成長している。保育者が美しい声で，歌を楽しんでいる姿を見て嬉しい気持になること。友達と一緒に歌う楽しさを味わうこと。歌のイメージが子どもの心の中で膨らむように，音やリズムを楽しみながら歌うこと。3歳児の時期だからこそ嬉しさや楽しさを十分に経験してほしい。

3　3歳児の生活や遊びから学ぶ

　3歳児の発達に応じた指導方法について，実践事例から，子どもは生活や遊びからどのようなことを学んでいるのか，保育者のより良い援助はどのようなものなのか考えてみたい。

〈事例15－1：いたずら　4月〉
　ススムは，園生活に少し慣れてきた頃からいたずらを始めている。砂場の砂をスコップで運んで来ては廊下に撒いている。保育者が「あらあら大変」とほうきで掃くとその様子を笑顔で見ていた。次の日も同じように砂を撒いた。他の保育者がほうきで掃こうとすると「だめ」とほうきを取り

あげ，担任の所へ行き「あれ見て」と砂を撒いた廊下を指さした。

「あらら，ススムくん，自分のいたずらを教えてくれたのね」と声をかけ，ほうきで掃いた。3日目も砂を撒いた。保育者が「廊下が砂だらけなのは嫌だな」と言うと「嫌じゃない，嬉しい」と言った。笑顔で保育者を見ながら砂を撒き，止められるのを待っているススムだった。

……その後……

しばらく廊下の砂撒きは続いたが，保育者は子ども用のほうきを持ってきて，「これは魔法のほうきです。ちちんぷいぷい，ちちんぷい，さっさっさぁのさっさっさぁ」と歌うように砂を掃くと，ススムもほうきを持って「ちちんぷいぷい，ちちんぷい，さっさっさぁのさっさっさぁ」と同じように歌いながら砂を掃いた。保育者は，その場面に合わせた即興の歌を歌ったり，砂を撒く前に「今日は砂撒きではなく新聞撒き大会です」と一緒に新聞を破いて，山を作ったりしながらかかわりをもつようにした。いつの間にか砂を撒くことはなくなっていた。

〈事例15－2：いたずら　4月〉

入園当初のツトムは，毎日母親と離れられずに泣き，保育者にくっついてばかりいた。園生活に慣れてくると，いたずらが始まった。おやつになると「食べない」と言いながら外へ行き，保育者が絵本を読み始めると「おやつを食べたい」といい，食べ終わると絵本の前に立って友達が見えないようにした。みんなで歌を歌い始めるとピアノの上にままごとのごちそうを投げてきた。保育者が「先生困ったな」と声をかけると「困らない」と言って笑った。保育者はピアノを弾くと，鍵盤の上で跳ねるおにぎりやハンバーグのおもちゃを見ながら「ほらツトムくん，おごちそうが嬉

しそうに踊ってるね，おにぎりさんと一緒に歌おう」と声をかけた。ツトムは嬉しそうに大声で歌を歌った。

〈事例について〉

　3歳児にとっていたずらとは何だろうか。大人が嫌だな，困ったなと感じる時は，自分だけを見ていてくれる時間であり，そして，どのくらいまでなら自分を受け入れてくれるのか，と試しているのかもしれない。3歳児は思いのまま，ありのままの自分をぶつけてくるが，この時期に十分受け入れられていると感じることこそが，成長の中で，自分の思いを出し切って表現することの楽しさを感じることの始まりではないだろうか。子どもが安心して自分を表現する素地を作っていきたい。

〈事例16：七夕飾り作りたい　6月〉

　毎年7月7日の七夕の登園時には保護者と一緒に笹飾りをしている。3歳児は保護者と一緒に短冊に願い事を書き，子どもが園で製作した飾りをつける。今年の飾りは三角つなぎと四角つなぎを活動に取り入れた。形や色を楽しむことや，のりの使い方を知らせていきたいと思っていた。イメージがわくようにいくつか飾っておき，三角と四角の折り紙を色別に準備しておいた。子どもたちはすぐに「作りたい，作りたい」と言って集まってきた。家庭でのりを使ったことがある子は，のりの量やつける箇所などすぐに理解できて驚いた。保育者が作った飾りと同じように作りたい子もいた。しかし，ヒロシは折り紙を何枚も持って行き，少し離れた机の上に並べたり，重ねたりして楽しんでいた。それを見ていた3名も加わり，しばらく形や色を楽しんでいた。満足した頃を見計らって「のりをつけようか」と声をかけると，ヒロシは四角をつなげてリースのように円を作り「このままになるように貼りたい」と言った。タカヒロは青色の四角の折り

紙だけを選び，辺と辺をつなげて「僕の家のマンション」と言って貼り始め，シゲキは「これがいいの」と四角や三角の面の部分にのりをつけて何枚も何枚も貼り重ねていた。ちょっと変わった飾りだが，それぞれが満足して完成させた。

〈事例について〉

七夕の飾りは笹に飾るので，ひらひらと風にたなびくことも，色とりどりの作品も美しい。しかし，子どもにとって飾りを作ることは，自分のイメージを形にして表現する楽しい遊びの一つである。保育者と同じように作りたい子も，自分らしく作りたい子も，形や色を楽しみながら作ることの楽しさを十分に味わってほしい。「無」が「有」になる嬉しさ，「無」が「形」になることの喜びを感じられるように，好きな時に好きなように作ることができる環境を整えておきたい。

〈事例17：私も歯医者さんに行く　9月〉

ままごとコーナーには様々な色のふろしきが20枚ほどかごに入っている。

「先生しばって」とお気に入りの色のふろしきを持ってきてマントにしたり，2枚重ねて四隅を縛ったものを頭から被って「これ浴衣なの」と言ったり「ドレスにして」とロングスカートに見立てたりして楽しんでいる。「ユリちゃんと同じようにして」と言いながらも，同じ場所でそれぞれがヒーローになったり，「花火を見てる」と言ったり，「パーティーに行くの」と言ったりしてイメージはばらばらで遊んでいる。そこにノリコが来て「先生，歯が痛い」と言うので「歯医者さんが見ますね。痛いのはどこですか」と膝枕をして見ていると「私も歯医者さんに行く」と言って「花火の帰りに歯医者に来ました」「パーティーが終わったから歯医者に来ました」とウレタン積み木で待合室やベッドを作って，浴衣やドレスやマントをつけたまま歯医者さんごっこが始まった。

> 患者さんが診察台に座るとふろしきはひざ掛けになったり，ベッドのタオルケットになったりしていた。

〈事例について〉

　3歳児はふろしき1枚で何にでも変身できる。身近なものを遊びの道具にして，なりきり遊びを楽しむ姿がよく見られる。友達と同じものが欲しかったり，同じ場所が嬉しかったりしながらも，まだまだ友達とイメージを共有することは難しい。保育者の仲立ちが，友達と一緒に遊ぶと楽しいと感じるためのきっかけとなる。保育者は一人一人の子どものイメージを大切にし，十分に自分の世界を楽しむ経験を支えながら，友達とのかかわりの橋渡しをしていきたい。

4　3歳児の表現する姿を支えるために

　3歳児にとって保育者は，自分を丸ごと受け止めてくれる存在であり，園生活のすべての場面において，常に心の拠り所となっているという安心感から，子どもの意欲的な表現が始まる。そして，園は，思う存分自分を出し切っていい場所となり，自分を表現することが楽しいと感じられるような環境を整えておくことが必要である。この時期から芽生え始める，日常生活の中から生まれる疑問や好奇心，自我の成長と自立への欲求が高まり，自分でやってみたい，自分を見ていてほしい，認められたい，という気持ちが十分に満足できるように，園生活の様々な経験を通して，保育者は目の前の子どもが何に興味をもち，何を実現したいのか探りながら，安心して自分らしさを思い切り表現し，満足感が味わえるような援助をしていきたい。

5節　4歳児の表現の姿

1　4歳児の生活と表現

　「幼稚園教育要領」「保育所保育指針」「幼保連携型認定こども園教育・保育

要領」における3歳以上の保育内容「表現」のねらいには，次の3つが示されている。①いろいろなものの美しさなどに対する豊かな感性をもつ。②感じたことや考えたことを自分なりに表現して楽しむ。③生活の中でイメージを豊かにし，様々な表現を楽しむ。それでは，4歳児の園生活のどのような経験がねらいの達成につながっていくのだろうか。多くの保育所，幼稚園，認定こども園などにおいて，絵画，製作，歌，合奏，踊り，劇などの経験を通して，子どもの育ちを援助している。園生活の普段の遊びに取り入れながら，作品展や運動会や発表会などの行事として，保護者や地域の方々に成長の様子を見ていただくこともある。確かにこれらの経験は，就学後の学びの興味・関心を深めていくための重要な体験となっている。4歳児は“自分が大事”の時期から他者を認識していく時期であり，“でたらめ”が自分なりのイメージの中で価値づけられていく時期である。人からどのように思われているのか気になり始め，友達と違うことが不安になったり，間違いを気にしたりするようになる。何が正しいのかを追究することや，友達の間違いを指摘することも多くなる。豊かな感性や自分なりの表現や様々な表現を楽しむために，4歳児の特性を理解した上で，子どもの様々な経験が，子どもの要求を達成するための支えとなるような援助を心掛けていく必要がある。豊かなイメージを育むための環境の工夫や自分らしさや，友達の良さを認めながら伸び伸びと表現できる機会がもてるようにしていきたい。

2 4歳児の感覚

4歳児になると，絵画においても自分なりのイメージを表現するようになってくる。しかし，表現の仕方については，これまでの経験によってかなり個人差が見られる。例えば，誰かが姉や漫画の影響を受けて女の子の絵を描くようになり，周りの人から「上手だね，可愛いいね」と認められると，すぐにクラス中が同じような女の子の絵を描くようになることがある。また，クラスみんなで絵を描いた時に，隣同士の子どもが同じような絵を描くことがある。友達の真似をすることで表現する方法を学んでいるのである。また，友達と比べて

上手，下手の感覚が生まれ，上手く描きたいという気持ちの表れでもある。このような場面で，保育者は，その子らしさを表現してほしい，という願いをもち「友達の真似をしないでね」「あなたらしく，好きなように描いていいんだよ」と言葉をかけることがあるかもしれない。この保育者の言葉は，まだ，どのように絵を表現して良いかわからない子どもにとって，絵を描くことに対して，不安な気持ちを芽生えさせてしまうことになりかねない。

作品展でクラス全員の絵画を展示している場面を見ることがある。ある園の作品展に招かれ，4歳児の絵画について説明を受けた。「今年の4歳児の絵画のテーマは昆虫です。指導のポイントは大きく伸び伸び描くことにしました」とのことだった。飾られていた作品は，バッタ，かまきり，クワガタなどが1匹ずつ，4つ切りの画用紙いっぱいに大きく描かれていた。子どもは図鑑から好きな昆虫を選び，図鑑とにらめっこしながら一所懸命描き上げたことを保育者は熱く語っていた。

子どもたちが園や家庭で大切に飼っている虫を描いてみたい。虫捕りに出かけて，やっと捕まえた虫を描いてみたい。足にギザギザの突起物があることや，羽に毛が生えていることに気付き，その驚きを描いてみたい。など，4歳児がイメージを表現する方法を学ぶ時期だからこそ，絵画が子どもの心の動きの表現の方法であってほしいと願う。

3　4歳児の生活や遊びから学ぶ

園生活の中で子どもたちが仲間と共に育ちあう実践事例から，子どもの学びと，子どもが自分なりの表現を楽しむために必要な，保育者のより良い援助について考えてみたい。

〈事例18：色水遊び　6月〉

絵の具の赤，青，黄を使って様々な遊びをしてきた。手形遊び，絵画，ボディペインティング，小麦粉粘土，そして色水遊びのコーナーを準備した。色水は何度でも試すことができ，より多くの色との出会いがあり，

色の変化を楽しむという点では一番夢中になっていた。同じ赤と青を混ぜてもそれぞれの量で紫の色が違うことに気付き，友達と協力してたくさんの紫を作って並べ，「全部紫だよ」と感動していた。ナオが「先生見て」と持ってきた色水が本物のぶどうジュースのようだったので「わぁ，ぶどうジュースみたいだね」と言うと，他の子どもたちは「本当だ，本当だ，これはりんご，これはオレンジ」と言い合っていた。保育者は色水を安易にジュースに見立てたことを反省した。ユミが「これ何ジュースに見える」と聞くので，保育者は敢えてジュースには触れず「赤，青，黄色からたくさんの色ができるんだね」と答えた。するとナオが，今度はコップに8分目水を入れ，ほんの少し青色を入れた薄い水色のコップを持ってきて，「先生これは何色」と聞いてきた。保育者は空にかざして「うーん，空の色」と答えた。すると，薄い緑色を作った子は木にかざして「木の色」と言い，薄いピンク色を作った子は友達のスカートにコップを寄せて「エリカちゃんスカート色」と言った。その後，様々な色ができ，保育者がサイダーをイメージした"プッシュー水色"と名前を付けると，子どもたちも，プリンをイメージした"プリンクリーム色"や甘い飴をイメージした"あまいんいちご色"などの色の名前を付けて楽しんでいた。

〈事例について〉
　赤，青，黄の3色から無限の色が作り出される。子どもが自分の手で作り出した色の美しさや不思議さに感動してほしい。保育者がジュースに見立てたことは，子どもが色に親しみをもつきっかけとなっており，間違っているとは言えないがイメージを制限してしまうことにもなりかねない。どんな赤色もすべていちごジュースやりんごジュースでは子どもの感性を育てることはできな

い。しかし，子どものイメージを大切に，言葉を引き出すようなかかわりをすると言っても，この時期の子どもはイメージを表現する語彙力はまだ低い。子どもは「先生見て」「先生何色」と保育者の反応を待っている。保育者の言葉をヒントにしながら自分なりのイメージとつなげて表現を楽しんでいる。4歳児の表現力を育てるためには保育者の感性が大きく影響し，必要な援助とされている。

〈事例 19 − 1 : 壁面飾り　11 月〉

　給食の時間にヨウスケが「先生，牛乳を飲んだら寒くなったから窓を閉めて」と言った。保育者は「秋も終わりだね。これから寒くなるね」と言いながら窓を閉めた。そして，壁面飾りの落ち葉を見ながら「園庭の落ち葉でケーキ作ったね。焼き芋したね」と話し，子どもたちの作ったりんごやカキの飾りを見ながら「秋は美味しいものがたくさんあったね」と季節の移り変わりに共感した。すると，ヒロキが「先生，秋の次は冬でしょう。冬は何作るの」と聞いてきた。

　アンナが「冬は雪でしょう。それともクリスマスとか」と言った。ヒロキが「クリスマスと言えばクリスマスツリー」と言うと，タイガが「僕，サンタクロース折り紙で作れるよ」と答えた。続けて他の子どもたちも「ツリーの飾りを作る」「ベルとか」「リースとか」などと自分の作りたいものを言葉にした。保育者は「みんな，すごいね。よく知っているね。じゃあ先生はツリーを作るから，飾りはみんなにお願いするね」と言うと，「いいよ，作りたい」と意欲的な返事だった。

　給食が終わって，子どもたちの目の前で厚紙，画用紙，不織布などを準備してクリスマスツリーを作って壁につけた。集まって見ていた子どもたちは，色を塗ったり，線を切ったり，テープで貼り合わせたりして一緒に製作を楽しんだ。「飾りの材料は明日までに準備しておくね」と言って，続きにした。

すると，手伝っていたナナとコトノが，「これ使っていい？」とツリーの切れ端の不織布を集めていたので「どうぞ，何ができるか楽しみ」と言うと，嬉しそうに顔を見合わせていた。そこにナホとチサトも加わり，折り紙，モール，ビニールテープ，マジックを自分たちで準備して，4人で会話を楽しみながら製作が始まった。ぞう，ペンギン，ねこなどそれぞれが動物を作り，思い思いにリボンやスカートを付けていた。動物の頭にはお揃いの赤い帽子をかぶせていた。

〈事例 19 - 2：壁面飾り〉

……次の日，ベル，リース，ステッキなどの飾りができる材料とオーロラ紙，シャインテープなどを準備し，幾つか作ったものを飾っておくと，数名の子どもが集まってきて製作が始まった。昨日の様子から，材料だけ準備して，作るものや作り方は子どもたちに任せることにした。しばらくするとユウキとソウイチロウが来て「先生，僕たちもやりたかった。これ始まったこと知らなかった」と言った。「やりたい子から始めていたから，いつでもどうぞ」と言うと「やったぁ」と作り始めた。他にも作りたい子がいるかと思い，保育者が「製作コーナーでツリーの飾りを作っているよ」とみんなに声をかけるとユウヤ，タケノブ，アキオも「作る，作る」と集まって来た。

〈事例 19 - 3：壁面飾り〉

……2日後，タイガが「先生，サンタクロースも飾ろうよ」と言ってきた。そう言えば，始めに壁面飾りの話が出た時に，タイガは「サンタクロースが作れる」と言っていた。「どんなサンタクロースなの」と聞くと，「折り紙でできる」と答えた。すると，ケイタ，トモキ，コウイチロウ，コウヘイが「あ，あれね」「それならできる」「教えて，教えて」と集まってきた。5人は机で輪になって，教え合ったり，会話を楽しんだりしながら，サンタクロースを作り，壁面のツリーの上の空に飾っていた。

〈事例について〉

　4歳児になると，友達の言葉に影響を受けながら，友達と一緒に活動する楽しさを感じるようになる。自然や季節感を友達や保育者と共感しながら，園生活を一緒に楽しみ，一緒に作り上げているという思いがもてるように援助していきたい。保育者は子どもたちの興味・関心を探りながら，活動を取り入れていく必要があり，率先して活動の準備をする姿を見せたり，手伝ってもらったり，任せたりしながら様々な経験を促すようにする。しかし，時には子どもの意欲を引き出すためには，保育者の一言が「作ってみようかな」と，子どもが一歩踏み出すきっかけとなる場合もある。また，製作などにおいては，明日でも，明後日でも，子どもの心の動きに合わせて取り組むことができる環境を整えていくことが，意欲的に表現する力を育てていくことにつながっている。

〈事例20：春の歌　2月〉

　季節の歌として「うれしいひなまつり」「春がきた」「春」，そして，5歳児とのお別れ会で歌う「おおきくなったら」をクラスで歌っている。クミコが「紙に書いて」と言うので，歌詞を書いた。部屋には12月に終わった発表会で歌った歌の歌詞がまだ貼ってある。子どもたちが「まだみんなで歌いたい時があるから取らないで」と言ったからである。春の歌の歌詞を貼ることをきっかけに発表会の歌詞を取ろうとすると，トモキが「先生，前にも取らないでって言ったでしょう」と言った。保育者は「春の歌を貼る場所がないから。発表会の歌はみんな覚えている歌ばっかりでしょう」と言うと「うん。覚えているよ。でも貼ってないと歌うのを忘れちゃうでしょう。楽しかった思い出を歌うの忘れちゃうじゃん」と言った。そして，「あっち，あっち，窓の方に貼ればいいよ」と指さした。確かにトモキは，時々思い出したかのように発表会の歌を歌って

いた。トモキや他の誰かが歌い始めるとクラスみんなで歌を楽しんでいた。劇の挿入歌では身振り，手振りで歌を楽しんでいた。劇のセリフが続き，劇ごっこが始まることもあった。保育者は「ごめん。ごめん。発表会のクラスの思い出を大切にしていてくれてありがとう」と反省して，気持ちを伝えた。保育者は窓に春の歌の歌詞を貼った。次の日になると，「うれしいひなまつり」の歌詞に，クミコが折り紙で作ったお内裏様とお雛様が貼ってあった。

〈事例について〉

　歌いながらイメージを楽しむことができるようになる4歳児にとって，歌は歌詞から感じた自分なりのイメージを思いのまま表現できる大切な活動の1つである。その歌が，経験と重なっている場合には特に心に残り，喜びや嬉しさの表現方法となり，心の支えとなっていくのであろう。この歌はもう十分に楽しんだであろう。季節に合った歌に親しんでほしい。歌詞のイメージを楽しんでほしい。という保育者の願いを押し付けることのないように，子どもが歌から感じ取っていることを大切にしながら援助していきたい。

4　4歳児の表現する姿を支えるために

　集団生活に慣れてくると共に，自立が進み，見通しをもって主体的に行動する姿が見られるようになる半面，できることとできないことを理解するようになり，できたことへの自信と，できないかもしれないことに対する確認や不安，またはできなかった悔しさなど，様々な感情に心が揺れている。また，他者への意識が高まり，友達とのかかわりにおいても気持ちの調整を行うようになる。

　保育者が一方的に結論を出したり，願いを押し付けたりすることがないようにすると共に，子どもたちの思いやイメージを引き出すことができるように丁寧に言葉をかけたり，子どもの要求に応じて環境の再構成を行ったりしながら，創造したことを表現することや工夫して表現することの楽しさを十分に経験し，自分の良さや友達の良さが感じられるような援助をしていきたい。

6節　5歳児の表現の姿

　年長児になると言語活動も活発になり，自分の想いを友達や保育者に言葉で伝えたり，友達の想いに気付いたりすることができるようになる。また，言葉で伝え合うことで，イメージの共有ができるようになる。ここでは，年少の時から3年間同じクラスで過ごしてきた保育者と子どもたちの5歳児後半の姿の事例を基に「表現」の理解を深めていきたい。

1　得意技は何にする？

〈事例21 – 1：劇遊びを計画する　10月〉

　運動会が終わった10月中旬，12月中旬にある保育参観で，お父さんやお母さんに何を見てもらいたいか皆で考え，クラスで話し合った。すると，例年披露している劇遊びの他に，鉄棒や縄跳び，けん玉など様々な意見が出た。「最後の保育参観で，おうちの人にカッコいいところを見せたい」と口々に子どもたちが言うので，その思いを大切にすることにして，「一人一人の得意技を入れた劇」を行うことになった。劇遊びの題材も子どもたちと一緒に決め，絵本「どろぼうがっこう」に決まった。

　先ず，一人ずつやりたい役と共に劇の中でどんな得意技を披露したいかを決めた。そして次に担任の保育者が1つ条件を出した。それは「おうちの人にまだ見せたことがない技をすること」である。子ども一人一人に得意なことはあるが，もう一歩先へ進んで欲しいという想いを込めてのことだった。既に運動会で逆上がりに取り組んだ子は空中逆上がり。そして，春の保育参観でびゅんびゅんゴマの2コ同時回しを披露した子は4コ同時回しに挑戦するといった具合である。その結果，鉄棒2人，縄跳び5人，びゅんびゅんゴマ4人，けん玉4人，絵5人，LaQ（知育ブロック）3人に分かれた。ほとんどが個人で練習するものだが，「絵」だけは5人で1

枚の大きな模造紙にかくことになった。

〈事例について〉

　年長児になると，自分の想いを言葉にして友達に伝えたり，相手の気持ちを受け入れたりしながら，相談して物事を決められるようになる。また，簡単にできることではなく，「少し頑張ったらできる」ことに挑戦したり，できるまで諦めずに練習したりする姿が見られるようになる。こうした，挑戦したりコツコツと練習したりすることに楽しみを見出すのも年長児ならではである。

2　何をかく？　どうやってかく？

〈事例 21 - 2：絵を完成させる〉

　5人が集まり，何をかくかの相談が始まった。

　「くまさかせんせいのかおの“え”はどう？」と，コトミからアイディアはすぐ出たものの，そこからなかなか進まない。そこで，「保育参観の日は，クリスマスに近いよね」と保育者が呟くと，「あ！　サンタクロースのくまさかせんせいはどう?!」「いいね！　トナカイもかこう！」と徐々に子どもたちのイメージが膨らみ始めた。先ずは，保育者が用意したＡ4サイズの紙にコトミが鉛筆で描いてイメージを5人で共有した。イメージが固まった頃，保育者が模造紙を渡しながら「何でかきたい？」と尋ねると，コウスケが「ペンかな？」「まちがえるかもしれないから，さいしょはえんぴつがいいよね」と紗英。「クレヨンでぬるのはたいへんだよねー」とコトミが言うと，「じゃあ，えんぴつで描いて，ゆせいペンで描いて，えのぐでぬるのはどう？」とカヨ。「そうしよう！」「そうしよう！」と，これまでの経験を思い出しながら子どもたちは決めていった。

　模造紙にかき始めてからは，「わたしはトナカイかく」「ぼくはくまさかせんせいかくね」「ここにはなにかく？」「プレゼントかこうよ！」とそれぞれが足りないと思うものを出し合ったり，「じゃあ，コウスケくんはペンでなぞってくれる？」などと役割分担したりしながら進めてかき上げていった。

〈事例について〉

　この"絵"のグループは協同して大きな絵を完成させた。年長児にもなると，子ども同士がお互いの得意なことを知っているだけでなく，認め，相手を信頼しているからこそ模造紙の様な大きな紙に1つの作品が作り上げられるようになるのである。また，話し合いの場では，自分と考えの違う意見が出ても，その意見や友達を否定するような言葉を誰一人発していない。これは普段から保育者が意識して否定的な言葉を使わないようにしたり，子ども一人一人を認めたりすることで，自然と子どもにも人を受け入れるという態度が養われていったのだろう。

3　どんな気持ち？

〈事例21－3：役を決めて練習する〉

　役決めをして，子ども一人一人の得意技を磨くと共に劇の練習も始まった。練習は，役毎に子どもたちと保育者で台詞を考えるところから始まった。「ここは何て言いたい？」と保育者が一人ずつに尋ねながら一つ一つ決めていった。絵本『どろぼうがっこう』は，繰り返し読んでいたので，子どもたちは話の流れはもちろん，ほとんど台詞は覚えていた。タツヤが「ここはさ，ぼくたちはてつぼうやるから『てつぼうをもってきました！』っていうのはどう？」と言うので保育者が「いいね。そうしたらくまさか先生は『どこからとってきたんだ？』って言うよね。なんて答える？」と尋ねると，ユウキが「うーん……てつぼうは，ゆうぎしつにあるよ！」と答えると，「でも，ほいくえんじゃなくてがっこうだから……がっこうのたいいくかんっていうのはどう？」とタツヤが答える，というように台詞が決まっていった。保育者はそれを大きな紙に書き出して壁に貼っていった。

　　どろぼうA「せんせい，てつぼうをとってきました」

　　くまさか先生「ほほう，それはどこからとってきたんだ」

　　どろぼうB「どろぼうがっこうのたいいくかんからとってきました」

2章　乳幼児期の「表現」の発達　　59

　台詞を決めて，次にそれに合う動きを考えた。泥棒らしい動きをする子
もいれば，照れて動きが硬い子もいる。そこで，保育者が「この時さ，泥
棒たちはどんな気持ちなんだろうね？」と問いかけてみると，「しずかに
しなきゃっておもってる」「みつからないように，かくれながらいってる」
「たからものはどこかなってさがしてる」「けいさつにみつかりたくない
なーっておもってる」と様々な意見が出た。「そっかそっか。じゃあ，そ
ういう気持ちになって，もう一回やってみようか！」と保育者が受け止
め，もう一度やってみると，子どもたちの動きは硬さが取れて泥棒らしい
動きになり，見違えるほど良くなった。
　ユキコが「こうやって，あしをまげてるよ」と言って姿勢を低くし，
「ては，こうかな？」と手を広げて絵本に描かれた絵を見ながら一人で真
似していた。一人がやり始めるとみんながそれを真似し始め，「じゃあさ，
こういうのはどう？」と次々にアイディアが湧いてくる。絵本に描かれた
動きの模倣をきっかけに子どもたちのイメージが一気に膨らんだ。
　しばらくすると，姿勢を低くしてそろりそろりと動く子，何かを探し
ているかのように目の上に手をかざす子，警察に見つからないようにと後
ろも確認しながら歩く子など，自分なりの「どろぼう」を表現するように
なった。また，「アキラくん，すごくどろぼうみたい！」と友達の動きに
気付く子も出てきた。また，「けいさつはさ，こういうポーズをしてみる
のはどう？」等と提案する姿があちらこちらで見られた。そして，自分の
台詞だけでなく，他の子の台詞もどんどん覚えて，好きな遊びの時間にも
「こういううごきはどう？」「それいいね！」と友達と動きを一緒に考える
姿も見られた。

〈事例について〉

　子どもたちの想いを大切にしたい保育者が，子どもたちの意見を受け入れ
て決めていくことで，「自分たちで決めたこと」として子どもたちは意欲的に
取り組むことができる。劇遊びでは，子どもの想いの糸口を少し引っ張り出す

だけで，保育者が過度に助言したり，言葉を掛けたりしなくても子どもたちからは次々にアイディアが出てくる。また，出るまで待つことで子ども自身がじっくり考えたり工夫して台詞や動きを考えたりする。また，どのような意見であっても保育者が否定的に返さず「面白そうだね」「そうだね」「それもいいね」と受け入れることで，子どもは「何でも言っていいんだ」と，自分の思いを素直に表現できるようになる。そういった場の雰囲気を作ることで，子どもの発言はさらに積極的になる。そして，絵本に描かれている絵や友達の動きをヒントに自分なりの動きを作り出すことができるのも年長児ならではであろう。

4 初めての劇遊び披露，そして本番

〈事例21－4：劇を披露する〉

　本番10日前，初めて他クラスに劇を披露することになった。子どもたちは口々に「ドキドキする……」と言いながら，練習の時には見せたことのない緊張感をもった表情で演じていた。終了後，保育者が「どうだった？」と尋ねるとエリが「たのしかった！」と言ったすぐ後に「でも……」と暗い表情になった。エリは緊張して得意技が上手くいかなかったばかりか，台詞や動きを間違えたりしたので，それが引っかかっていた。上手くいかなかったのは，エリだけでなく，ほとんどの子どもが緊張で練習の時のように上手くはいかなかった。

　しかし，これをきっかけに子どもたちはそれまで以上に得意技の練習をしたり，壁に貼ってある台詞を真剣に見たりするようになった。また，保育者は子どもたちが人前でも緊張しないように，劇遊びの"お客さん"として色々なクラスに見に来てもらうように協力をお願いした。

　いよいよ本番当日。衣装や小道具を身につけ，「きんちょうする…」と子どもたち。保育者は笑顔で「いつも通りやれば大丈夫だよ！」と声を掛けて背中をポンと押すと子どもたちを舞台へ送り出した。

　大きな声でセリフを言い，得意技もしっかりと決め，道具の転換もタイ

ミングよくできた。舞台から降りた子どもたちの顔は達成感に満ち溢れていた。保育者が「どうだった？」と尋ねると、アキラが「じょうずにできた！」「いっぱいはくしゅしてくれた！」とカオル。目をキラキラと輝かせてお互いを褒め称え、いつまでも興奮は冷めなかった。

〈事例について〉

　これまでに、夏まつりや運動会等様々な行事を経験してきた。こういった経験を通して子どもには、お互いの良い部分を認め合ったり、苦手なことを教え合ったりすることができるような力が育つ。今回の劇遊びでも、「いまの、どろぼうっぽい！」と認め合ったり、警察の動きやポーズを提案したりする姿が見られるのは年長児らしい姿と言えよう。さらには、友達からのアドバイスや意見を素直に受け入れ、みんなで刺激し合ったり高め合ったりしていくのである。

〈まとめ〉

　「劇遊び」には、様々な表現が混在している。一般的に劇というと、感情を込めて台詞を言い、その役をイメージしながら、なりきって動くということが求められよう。しかし、子どもの中には人前でそういったことをするのが苦手な子もいる。子どもが少しでも自信をもって人前に立てるように、保育者は劇をするだけでなく、子どもの「得意技」を披露することを組み込んだ。年長の子どもたちがイメージを共有して話し合いながら活動を進めることができるといっても、子どもだけでは難しい。そこで、担任保育者としてクラスの子どもを最大限に魅せるための支援をする必要があろう。大きな声でセリフを言うのが苦手な子も、得意なけん玉なら自分を表現できるかもしれない。役になりきることが恥ずかしい子も、友達と一緒に描いた絵の中なら自分を素直に表現できるかもしれないからだ。

　「表現」の領域の意義付けには、「感じたことや考えたことを自分なりに表現することを通して、豊かな感性や表現する力を養い、創造性を豊かにする」とある。画一的でなく、子ども一人一人が「自分なりに」表現できる土台となる

環境を保育者として整えたい。また，子ども一人一人が世界に1つしかない表現の花を咲かせることができるように支えたいものである。

演習課題2

① 子ども一人一人の発達を捉えるために，どんなことができるか，またはどんなことが必要か考えてみましょう。

② 各年齢の表現の姿を自分なりにつなげて，発達の道筋を考えてみましょう。

参考文献

〈1節，2節〉

小川博久　遊び保育論　萌文書林　2010

小川博久編　吉田龍宏・渡辺桜　遊び保育のための実践ワーク――保育の実践と園内研究の手がかり　萌文書林　2014

厚生労働省　中央説明会資料2017年7月　2017

厚生労働省　保育所保育指針（改訂）平成29年告示　2017

志村聡子編　はじめて学ぶ乳児保育　同文書院　2009

渡辺桜　子どもも保育者も楽しくなる保育――保育者の「葛藤」の主体的な変容を目指して　萌文書林　2016

〈3節〉

津守真　保育の地平　ミネルヴァ書房　2016

無藤隆監修　領域　表現　萌文書林　2014

3章 「表現」を支える保育者の役割

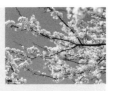

　表現は，心で感じたことや頭で考えたことを表に形として表すことである。つまり，表現するためには，心を動かされるような体験や経験が必要となるし，その考えたことを伝えたいと思える誰か相手が必要となろう。表現することは，主体的であり主観的な営みであるが，子どもにとって大切なことは表現した結果ではなく，その表現するプロセスと言えよう。そのために保育者はどのような役割を果たさなくてはいけないのか，または果たすことができるのか本章では考えてみたい。

1節　豊かな感性を育むために

1　心地良いと思えること
　「♪うえからしたから　おおかぜこい　こいこいこい」（わらべうた）と優しく歌いながら保育士達に大きな布を頭の上でフワフワと上下にしてもらった1歳児。次に一人ずつハンカチを保育士に手渡してもらうと，自分の顔の前でひらひらと動かす子どももいたが，一人の男児が，見ていた園長先生のところによちよち駆け寄り，園長先生の顔の前でそれをぎこちなく振った。それに合わせるように「♪うえからしたからおおかぜこいこいこいこい」と園長先生が歌うと，次はハンカチを園長先生に手渡した。今度は園長先生に歌いながらひらひらしてもらうと，満足そうな顔をして保育士の元へ戻って行った。
　こうした，ゆったりとした時間の中で，穏やかにわらべうたを歌ってもらい

遊ぶ経験。こうした遊びの中で，フワフワと頭の上で布が動くたびに起こる風を気持ちいいと感じ，また，歌ってもらう声と心地良い布の動きとが相まって，それを近くで見ていた園長先生と共有したいという気持ちになり駆け寄った1歳児。そして，次は自分がフワフワと動かしてみたいという子どもの意欲。こういった心を動かす経験こそが，表現を支える根っことなる。この場面では，大きな布を上下にフワフワさせる保育士たちが心から楽しんでわらべうたを歌う姿に，保育室全体が楽しい雰囲気に包まれ，1歳児が主体的に人やものにかかわろうとする姿が生まれた。豊かな感性は，先ずはこうした心地良いと感じるところから育まれるといえよう。

2　身近な環境や自然，日常を意識する

　短い距離だが通い慣れた幼稚園の駐車場から門へ続く道に，下駄箱から園庭までの道。子どもの通る道は数多くある。また，晴れの日ばかりでなく，雨の日もある。風の強い日もあるし，冬になれば雪が降る日もある。

　保育者は雨が降ったら，雨天時のための保育に想いを馳せ，その準備へと意識が移るだろうが，子どもは何を想うだろう。子どもは，その慣れた短い距離を歩きながら，様々な変化を見つける。晴れた日にはいなかったカタツムリを葉っぱの上に見つけたり，カエルの声に気付いて真似て鳴いてみたり。普通に歩けば1分もかからずに歩ける距離を，子どもは一歩進んでは止まり，また進んでは止まる。10分でも20分でもかけて歩くことができる。

　普段，何気なく通っている幼稚園の壁沿いの道。そこには細くて浅いU字溝があって，お天気なら水は一滴も無い。担任の保育者と雨上がりにそこを歩いていた年中の子どもたちは，普段と違って音を立てて流れる雨水を見て立ち止まり，側溝沿いに生えていた草の葉っぱをちぎると投げ入れた。あっという間に流される葉っぱを見て，次々とちぎっては入れた。水の勢いと葉っぱの流れるスピードにとても喜んだ。また，列の後ろの方の子どもはすぐ近くの小石を拾うと，溝に投げ込んだ。ボチャンッ！　ポチャン！　チャブン！という音にキャッキャと喜んで隣の子どもと一緒に拾っては投げて，音や水しぶきの大

きさの違いを楽しんでいた。

　少し前を歩く担任の保育者は，振り返ると道草を食う子どもたちに大きな声で「早く行くよ～！　お給食の時間だよー」と，声を掛けると保育室に早く入るよう促して入って行った。

　保育者には当たり前の雨上がりの光景であっても，こういった機会は用意しようと思って用意できるものではない。子どもが自然とかかわることで，水に投げ入れる石の大きさで音が変わることに気付いたり，水が激しく流れる勢いを見て，速さをより感じることができよう。保育者には，その日一日の活動の予定があり，その流れもおおよそ決まっていて，見通しをもって保育している。子どもにも一日の生活の流れは理解されている。しかし，その活動の予定というのは一体誰のための予定だろうか。保育者のための活動の流れになってはいないか，常に見直す必要がある。こうした自然との出会いは，機会を逃すと次はいつ訪れるかわからない。日常の身の回りにある自然や環境に触れることこそが，子どもの表現したいという意欲の源となろう。

　楽器奏法の技術的な指導に力を入れたり，様々な手法の描き方を指導することが子どものいきいきとした表現を引き出すのではない。経験の豊かさや，日常生活の豊かさがあってこそ，表現の豊かさにつながるのである。保育者は時に，子どもと共に立ち止まったり，しゃがんだり道草を食ったりしながら臨機応変な時間の使い方を心がけたいし，常に自然の変化に敏感でなくてはならない。

3　場の雰囲気を大切にする

　保育室のテーブルは，子ども一人一人の大切な居場所になったり，お友達と楽しく粘土遊びをしたり，絵を描いたり。また，時に静かに絵本を見たり，鍵盤ハーモニカを演奏したり。そして，給食を食べたりもする。その都度，拭いてきれいにするものの，すべてのことが同じ1つのテーブルで行われる。つまり，保育室のテーブルは図画工作室になったり，図書室になったり，音楽室，食堂にもなるのだ。

　入園式の日，年中木星組の部屋には6つのテーブルが並んでいたが，その一

つ一つの真ん中には高さ10センチくらいで，横から見ると台形になった底の方が少し太くなっている茶色の小瓶が花瓶として置かれてあった。そこには，パンジーやムスカリといった小さな花々が飾ってあった。担任の保育者が用意した子どもたちの入園を祝う花である。

　翌日からしばらく，それらの瓶は部屋の手洗い場の上の棚に並べて飾ってあった。全日保育になって給食が始まると，きれいにテーブルを拭いた後，保育者が1つずつ小瓶に入れた花をテーブルの真ん中に飾ってくれた。保育者は子どもたちに「今からここは木星レストランです。お花も飾ってきれいでしょ。レストランに行くと，テーブルにお花が飾ってあるんだよ。皆は行ったことあるかな？」と言うと，子どもたちはうんうんと頷いた。木星組のレストランはお行儀の良いお客さんばかりだった。

　子どもたちのお当番活動が始まると，グループに1人いるお当番さんが花を飾る係りになる。その頃にはクラスの子どもたちが家の庭に咲いている小さな花を，この小瓶に飾るために持ってくるようになっていた。だから，子どもたちは「ミユキちゃんが持ってきてくれたお花，今日は飾る！」とか，「黄色いお花がいい！」と，好きな花を選んで飾った。花が少なくなってくると，保育者が何も言わなくても誰かが園庭で摘んできたペンペン草（ナズナ）やオオイヌノフグリを小瓶に差していた。

　保育室を明るくしようと，子どもたちが好きそうなキャラクターの飾りで壁一面を埋め尽くすような保育者がいる。保育室は可愛く明るくなり，子どもたちは喜ぶかもしれないが，テーマパークと見間違うような装飾は控えたい。テーブルの上に飾られた小瓶に入った小さな花々は，子どもたちの日常のテーブルを彩のある食卓テーブルへと変化させる。こういった身近な小さな自然の美しさを子どもたちの元へ届けることは，子どもたちに自然の美しさや彩の鮮やかさを気付かせる。また，小さな草花をも大切にする優しい気持ちは，表現することと直接関係ないようであるが，きれいなものを見てきれいだと感じる心を育てることにつながっている。

2節　素朴な表現の受容

1　安心して表すことのできる受容者となる

　子どもの年齢が低くなればなるほど，その表現は内面と深くかかわっている。

　赤ちゃんが泣いていると，「お腹がすいたのかな？」「おむつが汚れたのかな？」それとも「遊んで欲しいのかな？」と，周りにいる大人はその泣き声や泣き方から想像して，それに応える。赤ちゃんは，泣こうとして泣いている訳ではないだろうが，欲求が満たされ気持ちよくなる。それを繰り返しているうちに，応えてくれる人との間に信頼関係ができる。

　1歳5ヵ月のケンは，4歳のお姉さんがぬいぐるみで遊んでいると「アーーーッ」と，大きく甲高く叫ぶ。お母さんに「ケンちゃんにぬいぐるみ貸してあげて」と頼まれて，お姉さんはケンに手渡すと，ケンはニコニコと，それを手に遊ぶ。他のおもちゃの時だけでなく，ケンは何か取って欲しい時はいつも大きな声で甲高く叫ぶ。

　こうして，意識せず泣いている赤ちゃんの泣き声や，まだ言葉にして自分の気持ちを表すことのできない幼い子どもの表しを，意味あるものとして周りの大人が読み取る。そして，周囲から受け止められた子どもは，安心して表すようになり，これが基本的信頼感へとつながる。こうした，表現する土台となる信頼関係の基盤を築くことが子どもの表現しようとする意欲となる。保育者は，安心して子どもが自分を表すことのできる受け止め役であることを忘れてはいけない。

2　子どもの表現の何を受け止めるか

　保育者には，ある一定の価値観，それは保育観とも言えるかもしれないが，子どもの表現に対する考え方がある。これまでの保育者自身の経験であったり，保育経験から，その保育者なりの価値観がある。

　朝の集まりのために椅子を半円形に並べて座り始めた4歳児バラ組さん。大

きく空いた真ん中のスペースで，スカートをひらひらさせながら，クルクルと回り始めたユミ。担任の保育者が「ユミちゃん，そんなところでクルクル回ってないでくれるかな」と，言うと，何も言わずにユミは椅子を持ってきて皆と一緒に座った。

　子どもの表現を受け止め，応答することで，子どもは受け止められた嬉しさを表現する意欲へと自分のものにしていく。その表現に応答するには，保育者は表現する子どもの状況を把握していなくてはいけない。その子どもの発達やこれまでの経験，表現している子どもの想い，その子どもにどう育って欲しいのか。それらを瞬時に判断し応答する。そうすることで，その子どもの表現の受け止め方，応答の仕方が違ってくる。

　では，なぜユミは皆の真ん中でクルクル回っていたのか。担任の保育者はユミの表現をどのように受け止めたのだろうか。担任の保育者が，ユミが回っている理由や，そのユミの状況を考え，新しいスカートに気付いたなら，ユミへの応答は違ったものになったはずだ。ユミはその日，新しく買ってもらった動くとひらひらするスカートが嬉しくて皆の真ん中でクルクル回っていたのだが，担任の保育者はユミの表現や想いは受け止めず，行為だけを見ていた。ユミは保育者に自分の想いが受け止められず，どれほどがっかりしただろうか。保育者が設定した表現活動の時間だけに子どもが表現するわけではない。保育者は一人一人違った子どもの表現を常に受け止め応答することを忘れてはいけない。

3　瞬間を捉える

　絵や造形物は見える形として後に残るので，子どもの想いを想像したり考えたりしながら見ることができて保育者にとっては受け止めやすい。では，音楽はどうか。音というのは，鳴らした瞬間瞬間消えていく。形として残らないのが音楽であるので，保育者はその瞬間を捉えて子どもの表現を受け止められるよう努めなければならない。それが，たとえままごとコーナーのフライパンを持ってきて「コンコンコ〜ン」と鳴らしただけであっても，そこには子どもの

3章 「表現」を支える保育者の役割　69

表現したい想いが込められているからだ。音楽として聴こえてこないような素朴な表現ではあるが，それらを保育者に受容されることで次の表現へと意識はつながっていく。その意識が表現の意欲となって，次はこんな音を出してみたい，こんなリズムにしてみたい，お友達や先生と音を合わせてみたいと広がりを見せていくのだ。

　倉橋惣三の「育ての心」にこんな一節がある。

飛びついてきた子ども

　子どもが飛びついてきた。あっと思う間にもう何処かへ駆けていってしまった。その子の親しみを気のついた時には，もう向こうを向いている。私は果たしてあの飛びついてきた瞬間の心を，その時ぴったりと受けてやったであろうか。それに相当する親しみで応じてやったろうか。

　後でやっと気がついて，のこのこ出かけていって，先刻はといったところで，活きた時機は逸し去っている。埋めあわせのつもりで，親しさを押しつけてゆくと，しつこいといったようの顔をして逃げていったりする。

　其の時にあらずんば，うるさいに相違ない。時は，さっきのあの時であったのである。

　いつ飛びついてくるか分からない子どもたちである。

倉橋惣三「育ての心」より

　子どもの表現の仕方は違うが，瞬間を大切にしたいという保育者の役割としては同じである。

3節　意欲を発揮させる環境構成の工夫

1　雑材の利用

　子どもの表現する楽しみや意欲を十分に発揮させるためには，その興味や関心に応じて様々な表現を楽しめるように，その活動の見通しをもって素材や用

具を準備したい。

　作品展の近い年中木星組では，クラスのテーマが「お山の駅」だった。子ども
もたちは，お山の駅にはどんなものがあるのか話し合い，看板や売店，切符売
り場等を挙げ，誰が何を作るかを決めた。先生も色とりどりの包装紙や毛糸，
お菓子の空箱等棚から出して用意したが，他に必要なものは，それぞれが家か
ら持ってくることになった。

　駅の立ち食いそば屋さんを作っているアツシは，家からカップ麺の空き容器
を持ってきた。そこに，一度使って細かいウェーブがついた毛糸をくちゃく
ちゃにして入れて，ダンボールで作ったチャーシューをのせて，緑の包装紙を
細かく刻んだネギをふりかけると，まるで本物のラーメンのようだった。それ
を見た先生も「うわぁ！　あっちゃん，美味しそうなラーメンできたねぇ。向
こうに飾っておく？」と，聞くと，アツシのもう少しで出来上がるとの返事
に，その場を離れた。「先生！　できたよ！」の，アツシの嬉しそうな声に振
り向くと，そこにはスープがたっぷりと入っていた。先生はちょっと慌てて
「あっちゃん，お水入れちゃったの？」と，思わず聞いてしまったが，アツシ
はとても満足そうだった。

　保育者は水を入れる前の上手く作られたラーメンを見て，作品として展示す
ることだけに意識を向けていたのがわかる。しかし，アツシは製作の過程を楽
しみ，ラーメンを美味しく作り上げたのだ。子どもの創造力は大人の想像力を
はるかに超え，作品作りのための製作ではなく，作りたいものを作っている。
このような場合，身近にある雑材の利用も有効となるので，きれいな包装紙や
お菓子の空き箱等は是非，分類して保管しておきたい。

2　表現意欲を支える

　子どもの表現意欲を育てるためには，どうしたら良いのだろうか。子どもの
表現が受け止められ，その表現に応答がある。この簡単な図式の繰り返しであ
る。これは言葉にすると簡単であるが，この図式が成立するためには，子ども
の置かれている環境が大切となる。

年長とら組では9月にある祖父母の会に向けて、鍵盤ハーモニカで「とんとんとんとんひげじいさん」（作詞：不詳/作曲：玉山英光）と「すずむしのでんわ」（作詞：土肥武/作曲：黒澤吉徳）を演奏しようと7月に入ってから毎日練習していた。しかし、今ひとつ練習が盛り上がらず、子どもたちの演奏はバラバラで、何の曲なのかさえわからなかった。そんな子どもたちの様子から、「どうやったら子どもたちをその気にさせられるだろう？」と、頭を悩ませていたこずえ先生だった。8月に入ると、少しずつ皆の音が揃ってきた。するとカオルが「小さい子に見せに行きたい！」と言い出した。先生は「もう少し練習してからの方が良いんじゃないかなぁ？」と、子どもたちに言いながら心の中ではガッツポーズしていた。その後、子どもたちと相談しながら、8月の終わりに「とら組コンサート」と題して、小さい子どもたちを招待して音楽会を開くことになった。それが決まってからの子どもたちは、先生と一緒でなくても、得意な子がまだ上手に弾けない子に教えたりしながら、毎日練習を楽しんだ。

ティッシュボックスを利用した練習用の鍵盤

　伝えたい相手がはっきりとしていて、伝えたいことがあり、それが伝わることにより、快の感情が芽生え、表現への意欲が生まれる。こうして表現意欲が育っていく。小さい組の子たちという身近な存在に自分たちの演奏する姿を見せたい、聴かせたいという想いが子どもたちの表現意欲となっていったのである。ここで受け入れられる経験をすることで、自信となり、次の表現へとつながっていく。保育者は表現における人的な環境の大切さを忘れてはならない。

3　発達の特性にふさわしいか

　年中組の新人保育者は、自分が子どもの時に初めてやったスクラッチ（引っ

掻き絵）にとても感動したので，子どもたちにも同じ感動を味わって欲しいと，7月の七夕を前に，夜空に興味を持たせるといったねらいで，スクラッチをすることにした。八つ切りの画用紙を半分のサイズに切り，子どもに渡すと，色々な色を使ってきれいな色で塗りつぶすように子どもに伝えた。子どもの中には意味がわからず，好きな絵を描く子もいたが，保育者に言われるがまま，どんどんと白い紙を塗りつぶしていった。4歳児であるので，それだけでも随分時間がかかったが，きれいに塗り上がって喜んでいる子どもたちに次は黒で塗りつぶすと伝えた。すると，子どもの中には嫌だと言って泣き出す子もいた。しかし保育者に促され黒で塗りつぶすと，そこで釘を手渡され，初めて好きに絵をかくように言われて，真っ黒だった画用紙に色鮮やかな絵が現れた。子どもたちはようやく笑顔になった。

　これは，保育者の想いだけで活動を行い，子どもの発達を無視してしまった例である。また，真っ黒に塗りつぶされた画用紙から，きれいな絵が浮き出る感動を子どもに味わわせたいと，手順や完成品を事前に示さなかったことは，余計に子どもたちに辛い活動となった。子どもが絵をかく時には，かくこと自体を楽しむ。つまり，スクラッチを楽しむには4歳児の7月にはまだ早すぎるのだ。子どもの発達を考慮せずに材料や用具を選んだり，活動するようなことがあってはならない。一斉にものをつくったり，かいたりする場合には，その先を示すことを忘れてはいけない。

　造形的な活動の場合，材料と用具が無ければ成り立たないし，音楽的な活動の場合においても音の出るものや歌など曲は不可欠である。また，音楽の場合には即興的な活動でなければ，何度か練習をして演奏できるようにする必要がある。子どもの自主的な遊びにおいて，様々なものや人とかかわることが子どもの学びや育ちにつながるからと，ただ，保育室や園庭にものを並べておくことが環境の構成ではない。子どもの好みにのみ任せていては，活動が偏り様々な経験ができなくなる。子どもが好きな遊びに没頭することとは別に，子どもの発達にとって望ましい活動とするための環境の構成を考えたい。

　数多くある材料や用具・楽器や楽曲の中から，その時期の子どもにふさわし

いものを選択したい。また，一般的な年齢の発達のみを考えるのではなく，目の前の子ども一人一人の発達に応じた環境を構成したい。

4　空間を意識した環境の構成

　活動を考える時，保育室で行うか，遊戯室のような広い場所か，はたまた園庭のような開放された空間が良いのか考える必要がある。活動を行うのに十分な広さであるということと，境界が明確になっていることが大切である。例えば音楽のコーナーの場合，何人かの子どもが歌に合わせて身体を動かしたり，楽器を演奏したりするのに必要なだけでなく，エリアがはっきりとするような，境界線があることが望ましい。室内の場合はカーペットや茣蓙等を敷くと，そこは音楽するエリアということが明確になる。そして，ここで大切なのは，それを取り囲む観たり聴いたりできる空間が用意されているということである。また，一人で楽しみたい子どものためには，他から干渉されないような空間を用意することも必要である。

　音楽的な活動を例に挙げたが，造形的な活動も同様に，その活動に適した空間を用意したい。

5　保育者自身が表現者であり憧れの存在となる

　保育者の存在はまさしく環境の一部である。歌が好きな保育者のクラスは歌好きになる。なぜか。保育者自身が楽しく歌う姿を子どもたちが常に見ているからである。子どもたちは歌うことは楽しいと感じ，楽しそうに歌う。子どもが楽しそうに歌うのを見た保育者も，またうれしくなりもっと楽しく歌う。保育者と子どもの関係はまるで鏡の様である。ここで，自分は音痴だからとか，ピアノが上手く弾けないから伴奏が苦手だからダメだとか，絵が上手くかけないからダメだと考える必要はない。保育者の歌やピアノは上手いに越したことはないし絵も上手にかけるに越したことはないが，それは問題ではない。保育者がそれを楽しんでいる姿を見せることが大切なのである。歌いながら楽しそうに身体を動かしたり，楽しそうに絵を描いたり何かをつくる姿を見せること

が，子どもの表現意欲につながるのである。保育者は子どもにとってのモデル
であり，憧れの存在となる。子どもの表現意欲を高めたいと考えるのなら，先
ずは自分自身が表現することを楽しむことである。人にはそれぞれ得手不得手
があるのだから，上手い下手にこだわらず子どもと共に楽しむ姿勢を大切にし
たい。

演習課題3

① 自分がこれまでに上手く表現できなかった時に周りの人にどうして欲
　しかったのか考えてみましょう。

② 子どもの表現を受け止めるために，今の自分に足りないものがあると
　したらどんなことでしょう。

③ 子どもの表現を受け止められるようになるには，どんなことをしたら
　よいのか具体的に挙げてみましょう。

引用・参考文献

倉橋惣三　育ての心（上）フレーベル館　2008　p.38

黒川建一・小林美実編　保育内容 表現〔第2版〕建帛社　1999

マクドナルド, D. T.・サイモンズ, J. M.　神原雅之訳　音楽的成長と発達——誕
　生から6歳まで　渓水社　1999

4章
「表現」の保育

1節　音を感じる

1　音が聞こえるしくみ

　私たちの日常生活は様々な音とともにある。例えば，目覚ましのアラーム音，足音，換気扇の回る音，ドアを開け閉めする音，テレビの音声など限りがない。そして，社会生活の中で欠かせない人と人との会話も音である。また，自然に目を向けると，鳥のさえずり，虫の音，川の流れ，雨風の音など，常に意識していないものもあることだろう。さらに，歌ったり，楽器を演奏したり，またそれらを聞いたりするような，楽しむための音や儀式としての音もある。
　そもそも音とは，主にものが振動することから成り立つ。ものの振動では，そのものの近くの空気が押されたり引かれたりして，空気の密度が変化し，それが振動波という波になる。その波は私たちの耳の鼓膜を振動させ，中耳にある耳小骨や，内耳にある渦巻きの形をした蝸牛を刺激する。耳小骨の揺れが蝸牛の中にあるリンパ液を揺らし，それを感覚細胞が認識して，電気信号に変換させる。電気信号は，蝸牛神経を経由して大脳に届き，聴覚野がその信号を受けて処理をするという複雑な過程を経て，音が聞こえたと感じるのである。電気信号には，その音の高さ，強さ，音色や長さという情報が入っている。この情報を，今までに繰り返し記憶された情報と照合することによって，どのような音かを認識することができる。たとえば，乳児が母親の声を識別できるのは，音を感じるのがこのようなしくみになっているからである。

2　人の成長と聞こえ方

　人間が聞き取れる範囲の音は，1秒間で16～20,000回くらいの振動数（Hz/sec）といわれている。加齢とともにその範囲は狭くなる。17,000Hz/sec程度の蚊の羽音をまねたモスキート音が30代以上の人に聞こえにくいのは，その一例であろう。そして50代以降は次第に耳の機能が老化していき，7,500Hz/sec以上の高音域の音が聞き取りにくくなってくる。

　それでは，いったい人はいつ頃から音を感ずることができるのであろうか。生まれる前にさかのぼってみると，耳の細胞ができ始めるのが妊娠5週頃で，妊娠7週頃には耳の形ができ上がり，20週頃には母親の声が胎内で響くのを感じることができるようである。この頃の聞こえ方は未発達で記憶しているかどうかはまだ解明されていないが，音を感じる歴史の始まりと言えるのではないだろうか。

　生まれて間もない新生児は，モロー反射といわれる物音がするとビクッとする動作をしたり，泣いたりすることがあり，音がしたことに対して直接的な反応をするにとどまっている。生後3ヵ月くらいになると脳の機能が発達し，聞こえるものを“音”として感じるようになる。呼びかけに対して，「アー」などと声を発するようになるのもこの頃である。生後半年くらいでは，音源の方向がわかり，同じ音を重ねる（ババなど）喃語を発するようになる。9ヵ月前後では身の回りの音がわかってきて，違う音を組み合わせた喃語（ウマなど）を発している。1歳を迎える頃には音楽に声や体で反応するようになる。話の筋から少々反れるが，1970年代後半にスウェーデンのABBA（アバ）という4人組のロックグループが活躍していた。彼らの *Thank You For The Music* という曲中の歌詞に，「母は『私が歩けるようになる前からダンサーだった。そして，話せるようになるずっと前から歌いはじめた。』と言っている」という意味の部分がある。まさに1歳前のこの時期の様子を表していると言える。そして，1歳を過ぎると，他者の話を言葉として聞いて意味が徐々に理解できるようになる。そのため聞いた音をそのまま真似ずに，言葉を話すようになる。

4章 「表現」の保育　77

　次に成長段階でのシナプスの増減に焦点を当てて，聞こえ方を捉えてみる。神経細胞間をつなぐシナプスは情報を伝達するものであるが，体の部位によって増減のタイミングが異なることがわかっている。不要な情報は"シナプスの刈り込み"によって，シナプスの数を減らして整理され，残った生きていくのに必要な情報でしっかりと脳の回路ができていく。聴覚野のシナプスの数は，7ヵ月頃がピークといわれている。騒然とした音の中で必要な音を聞き分けることができるのは，シナプスの刈り込みによって，整理される故であろう。逆に刈り込みがうまく行われないと，録音機を再生した時のように，必要のない音が必要な音と同等に聞こえ，混沌としていることであろう。自閉症スペクトラム障害には，このような兆候のある子どももみられ，たいへんつらい状態であることがうかがえる。

3　環境と聞こえ方

　保育室の環境によっても，音の聞こえ方は多少の差異がある。天井の高さや，部屋の広さ，窓の開閉，園の外の環境はどうであろうか。保育室や遊戯室，園庭では，音の響き方が随分異なる。コンサートでも使用される会場で合奏をする場合は，比較的よく響くので，木製の楽器に対して金属製の楽器の割合を少なくしないとバランスが悪く聞こえる。表現活動を行う場合，環境によって音の感じ方（聞こえ方）が変わることもあるということを，頭の片隅に置いておくとよいだろう。

4　音のカテゴライズ

a　音の種類（振動波の周期の規則性と形状によるカテゴライズ）

　音が伝わる過程での振動波の波形の周期の規則性と形状により，音は大きく，純音，楽音，噪音の3つにカテゴライズされる。

　〈純音〉第1に，波形が単純で一定の周期ごとに同じ曲線が繰り返される正弦波（サインカーブ）は，音叉の音が値する。音楽の中ではほとんど出てこない。この振動波の音は"純音"という。

〈楽音〉第2に，波形が複雑になるがやはり一定の周期で同じ形が繰り返される振動波は，楽器や歌う声が該当する。多くの音楽は，この振動波で構成されており，この波形の音は"楽音"という。

〈噪音〉第3は，波形が複雑で規則性がみられない振動波であり，ドアを開け閉めする音，雨風の音など，純音と楽音以外の音が当てはまる。この波形の音を"噪音"という。

打楽器にはティンパニや木琴など，打った瞬間にまず噪音が発生して次に楽音になるものと，噪音だけのものがある。後者は現代の音楽で用いられることが多々ある。また，保育の中の音楽表現では，楽器以外のものを楽器として扱ったり，手作り楽器を用いたりする時は，噪音で構成されているものが多いと考えられる。

b 音の性質（振動の仕方によるカテゴライズ）

音の性質は，高さ，強さ，音色の3つの要素があり，さらに長さ（音価）で成り立つ。

〈高さ〉振動波が一定時間に振動する回数が多いほど高い音となる。図4-1にみられるように一定時間の振動数が2倍になると，音の高さが1オクターヴ上がる。手作り楽器の場合，より長く，もしくはより大きくすると音が低くな

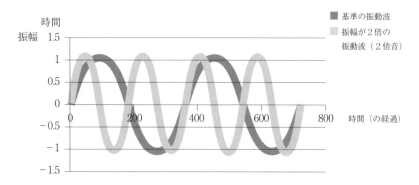

図4-1　振動波でみる音の高さの比較

る。また，コップに入れた水が多いほど音が低くなる。

　これは，弦楽器でいうと同じように弦をはじいても，短い弦をはじくより長い弦をはじく方が，弦がゆっくり振動することが理由である。また，小さい太鼓を打った時より，大きい太鼓を打った時のほうが，太鼓の革がゆっくり振動する。管楽器では，管が長いほうが，音波の伝達に時間を要し，ゆっくり振動する。

　また，同じ大きさでも高さを調節できるしくみもある。弦を張ると弦の振幅が狭くなり，音が高くなる。弦を緩めれば振幅の幅が広くなり，音が低くなる。太鼓の場合，革の表面を張ると革の振幅が狭くなり，速く揺れて音が高くなる。ティンパニのチューニングペダルやチューニングボルト（ねじ）はこのためにある。これらのことは，手作り楽器に反映できる。また，管楽器はジョイント部分で調整して微細に音高を調整できる。そして慣れてくると唇の振動で調節して音高を自在に変化させることができる。

　〈強さ〉図4－2のように振動波の振幅が大きいほど強い音となる。また，音の強弱は音源と聞く人の距離や環境により変化する。よって，楽器を強く打ったり，共鳴する管をつけるなど強い音が出るようなしくみを工夫したりす

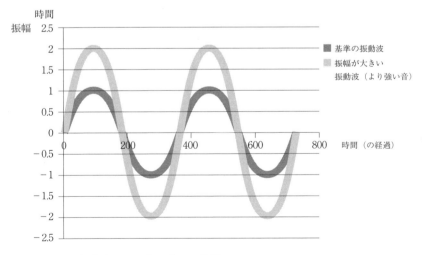

図4－2　振動波でみる音の強さの比較

ることで，より強い音が出る。

〈音色〉振動波の形状によって音色が決まる。正弦波に近い単純な波形は素朴な音がし，複雑な波形は特徴のある音となる。電子音は波形を似せることによって，ある程度似せたものの音色の特徴を捉えることができる。また，音色の特徴となる振動の元になるものの材質やしくみによって音色をカテゴライズすることができる。

- 木の振動　カスタネット，ウッドブロック，木琴，マラカス，拍子木など
- 金属の振動　鈴，トライアングル，ハンドベル，シンバル，鉄琴など
- 革の振動　大太鼓，中太鼓，小太鼓（スネアなし），コンガ，ティンパニなど
- 弦の振動　ギター，琴，大正琴，ピアノ，ヴァイオリンなど
- 空気の振動　ハーモニカ，鍵盤ハーモニカ，アコーディオンなど
- 声帯の振動　人の声
- 電子的な装置による振動　電子ピアノ，電子オルガンなど
- 金属と革の振動　タンブリン，小太鼓（スネアあり）

〈長さ〉振動波が持続する時間の長短によって決まる。

これらのカテゴライズは，表現活動をどのように行っていくのか，ヒントを与えてくれる。音の種類や性質で，快適・不快，好き・嫌い，場に合う・合わない，などのことがみえてくるであろう。

5　保育における音の役割

保育の中で表現活動を行う時，または園生活を送る様々な場面において，音とのかかわりは切っても切れない。無意識に音とかかわっていることもあるだろう。改めて保育の中での音とのかかわりを整理して挙げてみたい。

〈表現活動での音とのかかわり〉歌を歌う，楽器を演奏する，手遊びをする，劇や音楽劇で演じたり歌ったりする，音楽を聴く，音や音楽に合わせて身体表現をするなど。

〈日常の園生活の中での音とのかかわり〉子ども同士や先生との言葉などの

やりとり，園生活をする中で発せられる音（歩く音，食べる音，積み木など玩具で遊ぶ音，トイレの水洗の音，散歩の時に聞こえる園外の音など），生活のリズムとなる音（おはようのうたや給食のうたを歌う，午睡時にオルゴールの音色の極めて弱い音の音楽をかけるなど）。

〈園の行事など演出としての音とのかかわり〉夏祭りで聞く盆踊りの音楽，運動会で聞くテンポの速い音楽，式典で聞く場に合った音楽など。

このように子どもは意識的に，あるいは無意識に音を感じ，音を楽しんだり，音の意味を理解したりすることを日々積み重ねて成長していく。その際に耳から音を感じるだけでなく，時には目や手など他の器官と合わせて感じることで，五感が刺激され，好奇心や探求心が育まれ，主体的な表現活動へとつながっていくことであろう。

2節　リズムによる表現

私たちの体や生活は，リズムと深い関係にある。心拍・呼吸などの生体リズム，昼夜や食事といった生活リズム，さらには，歩行や会話などにもリズムが関係しており，リズムは決して音楽だけに現れるものではないことに改めて気付かされる。私たちはリズムとともに生きていると感じるほどである。

もちろん時間芸術である音楽にとって，その時間の配分となるリズムは音楽の最も重要な要素である（タウト，2005）。リズムを教育の根幹においたリトミックの創始者ダルクローズ（1865～1950）の言葉を借りるまでもなく，リズムは音楽の中心的役割を担っている。

では，乳幼児の生活にリズムがどのように現れてくるのかをみていくと，リズムは発達の節目を支えていると感じられるほど発達との関係は深い。この節では，はじめに乳幼児がどのようにリズム感を身につけていくのかを年齢ごとに子どもの姿から概観し，その後に，発達に即した具体的なリズム表現（遊び）を紹介し，最後にリズムを通して子どもたちに育つものは何かを考えていく。

1 乳幼児のリズム感覚

a 0歳児

　生後6ヵ月になり運動機能が発達してくると，それまでの，見たり聞いたりという感覚的な体験に加え，体の部位を動かして反応するようになる。繰り返し空や布団を足で蹴る動作もこの頃の赤ちゃんに頻繁に見られる行為であり，この反復性はリズム的な音楽体験の始まりとも捉えられている（モーク，2002）。生後7ヵ月頃には，足の動きが減少し，お座りした時に手を上下に動かすといった反復動作が活発になる。興味深いことに「ウワァ・ウワァ・ウワァ……」といったような初期の喃語は，このリズミカルな手の動きに同期して発声される（正高，2001）。次第に言葉がはっきりしてくるにつれ，このような発声と手の運動との同期は消滅していく。音楽が聴こえると，笑顔で座ったままで体を左右に揺り動かしたり，背中を曲げたり伸ばしたりする反復運動も活発になる。0歳の終わり頃には手足のタイミングを調節しハイハイをしてリズミカルに動き回るようになる。

b 1歳児

　一般に，1歳を過ぎると歩行も始まり，指差し行動も活発になるにつれ，対象物と関連させて「ブーブー」（車）「ワンワン」（犬）などと発声するようになる。赤ちゃん言葉と言われるものには「まんま」（ごはん）「とっと」（魚）「くっく」（靴）「ないない」（片付ける）などのように言葉が繰り返されるものが大変多い。このように言葉を反復するなどリズミカルにまとめると記憶しやすくなる（タウト，2005）。

　1歳半から2歳にかけての時期は，テレビなどから音楽が聴こえると，片手をどこかにしっかりとつかまり，膝を屈伸させて体を上下に伸び縮みさせたり，片足ずつ交互に重心を移動させ左右に揺れたりするなど，自分の体の動きを音楽のリズムに合わせようとし始める。このような音楽に同期した身体運動を，最初の音楽表現と捉えることができる。音楽のリズムを体で感じる体験を積み重ねることにより，歩行や会話など生活の場面で必要となる時間を秩序づける能力も同時に育まれていく（モーク，2002,）。

c 2歳児

2歳を過ぎると，多くの子どもたちは5分以上の時間を音楽体験に没頭することができるようになる（モーク，2002）。保育者の歌や楽器の演奏に，じっと動かないで耳を傾ける姿も見られる。その夢心地な表情は，特定の音楽要素というより音の響きや音楽全体の雰囲気に浸っている感じを受ける。軽快な音楽が聴こえると，両手をリズミカルに上下に動かしたり，体を前後や左右に揺れたり膝を屈伸させて上下に伸び縮みしたり，歩いたり床に腹ばいになって進んだり，跳ね上がったりすることも大変喜ぶ。しかし，その動きは音楽のリズムに必ずしも合っているわけではなく，音楽を体で感じリズム的な活動をすることを楽しむ。

乳児は言葉を，音の響きやリズム性から一種の音楽として知覚するが（正高，2001），その感覚は2歳頃まで続き，言葉と音楽はまだはっきり区別されない（モーク，2002）。

d 3歳児

3歳を過ぎると，2拍子や4拍子のリズムの単純な曲に手を指揮者のように上下に振ったり，歩行したり手拍子したりして音楽の拍に同期する行動が見られるようになる。しかし，リズムが少し複雑になると途端にその行動が止まったり，音楽のリズムと体の動きがずれたまま続けられたりする。

遊びの中で見られる言葉の抑揚を伴ったやりとり「い・れ・て」「か・し・て」，保育者の呼びかける「み・な・さん」などはどれも「タン・タン・タン」（♩♩♩）というリズム型でできており，3歳児はこのリズム感に馴染み，「あ・く・しゅ」「バイ・バイ・バイ」と自分でそのリズムに言葉を当てはめて唱えて遊ぶ姿も見られる。これは，3・3・7拍子の前半部分と同じであり，日本語の語感から生じる伝統的なリズム感である。保育者がこのリズムをタンバリンで叩きながら「え・り・ちゃん」と呼びかけると，満面の笑顔で嬉しそうに「は・あ・い」と返事しながら叩き返す。こうしたやりとりは，自我が芽生え保育者や周りの大人に自分を認めて欲しいという欲求が高まる3歳児らしい姿である。

ピアソラの曲「リベルタンゴ」を演奏した際，4・5歳児は憂いのある短調の旋律に聴き入っていたが，3歳児は低音のリズムに合わせ両手を交互に上へ伸ばし踊り始める姿が観察された。音楽のリズムを体で感じ楽しむ時期である。

e 4歳児

4歳になると平衡感覚も高まり片足立ちが出来るようになり，片足で「ケンケン」ができたり走るスピードも増したりと自分の体で感じるテンポやリズムが拡がる。現代の音楽文化である西洋音楽のリズム感やハーモニー感も身につき始め，多くの子どもがアニメの主題歌などのサビの部分が歌えるようになる。しかし，音楽に合わせて発生する手拍子は歌の言葉のところだけを叩いたり，旋律が細かい音価の連続になると手拍子の間隔を短くして速く叩いたりして，等間隔のビートとは異なり，歌や旋律のリズムに沿った反応を示すことが多い。

友達とかかわり始めるこの時期は，全員で合奏することもできるようになる。友達と一緒に演奏すること自体を楽しみ，大太鼓・小太鼓・タンブリン・ギロ・トライアングル・鈴等のリズム楽器を用いて，楽器を交代しながら同じ曲を繰り返し楽しむ。

また，ごっこ遊びなどでいろいろな感情を経験する遊びを通して，子ども自身の感性も豊かになり，それまではどちらかというとリズム優位に音楽を聴いていたが，音色や曲想などから音楽の雰囲気も感じるようになる。手作り楽器の奏でる不思議な音を聴いて「ライオンのおなら」「飛行機が飛び立つ時の音」などと想像を膨らませつぶやきが多く聞けるのもこの時期である。

f 5歳児

5歳を過ぎると，足を高く上げて大股で歩いたり，つま先で走ったりして歩調のリズムを変えたり，強拍や弱拍を体の動きで表現したりできるようになる。縄跳びが上手に飛べるのもこの時期で，強拍と弱拍が繰り返される2拍子のリズムに体の動きを合わせることができるからである。スキップもできるようになり，付点のリズムを体で感じられるようになる。これらのリズムは，遊びの中で頻繁に自然発生する作り歌の中に現れてくる。

4章 「表現」の保育　85

　多くの子どもは，打楽器などで叩かれた4拍のリズムや，旋律楽器で演奏された8拍のリズムを手拍子などで再生することができる。旋律楽器で演奏するのは，リズムにメロディがつくことで記憶されやすくなるからである。

　この時期は西洋音楽のリズム感・調性感・ハーモニー感も急速に身につき，多くの子どもたちはアニメの主題歌を最初から最後まで歌えるようになる。

2　リズムがわかる

　人は音楽を聴くと，無意識のうちに手拍子を打ったり足で拍を刻んだりする。これは，リズムを認識するための基準となる時間の流れを体の中に生成しようとしているのである（Povel & Essens, 1985）。

　リズムがわかるということは，一つ一つのリズムを切り取って表現できることではなく，体で感じる拍の流れにのってリズムを手拍子で叩いたり動いたりできることである。そのために乳幼児期には，楽しみながら体で音楽を感じて動く体験を積み重ねることが大切である。

3　リズム感を育てる

　乳児のリズミカルな身体運動が喃語の発声を促し，言葉のリズムが言語能力を育てる。このように，乳幼児の発達はリズムと深い関係を保ちながら進む。乳幼児のリズム感を育てることは，言葉や身体運動を中心とした発達をも支えることを保育者は理解して援助したい。

　0歳児には「ちょちちょちあわわ」等のわらべうたで，膝の上に抱き触れ合いながら同時に日本語のリズム感や音程感覚を伝える。1歳児は，遊びの中で擬音語や擬態語の繰り返しの言葉を用いて，反復するリズムの軽快さを楽しんだり，保育者の歌や音楽に合わせて体を動かす楽しさを経験したりする。例えば，階段をハイハイしながら登る時，保育者が傍で『ライオンのうた』（峯陽作詞・作曲）を動きに合わせたテンポで歌うと，子どもの体にリズムが生まれ足をあげるエネルギーに転換される。CD等で音楽をかけ，それに合わせて左右に揺れたり，両手を持って支えながら膝を屈伸し上下に伸縮したりするなど，

音楽の中で動くことを楽しむ。

　2歳児は，歌などを集中して聴くこともできるようになる。保育者の絵描き歌を楽しんだ後に，描いたソフトクリームの食べる真似をしたり，絵の中のうさぎになり飛び跳ねたりして楽しむ。この時，「ペロン・ペロン・ペロン」「ぴょん・ぴょん・ぴょん」など擬音語や擬態語をリズミカルに唱えることで子どもたちの動作が軽やかになる。

　3歳児は言葉の端々に「タン・タン・タン」（♩♩♩）のリズム型が現れてくる時期である。言葉の抑揚を伴って「ゆ・う・くん」と呼びかけ「は・あ・い」と打楽器で打ち返したり，「チューリップ」「ちょうちょ」など3・3・7拍子のタイミングと同じリズムの歌の歌詞のあるところに手拍子したり保育室の中を歩いたりしてリズムを楽しむ。CD等で音楽をかけ，歩いたり飛び跳ねたり腹ばいになって床を這ったりと音楽の中で動く活動を楽しむ。

　4歳児はリズムのもつ雰囲気や曲想などに敏感に反応する時期であることから，モンティ作曲「チャルダッシュ」のように曲中で音楽リズムが変化する曲を，体の動きや太鼓のリズムなどで合わせて存分に楽しませたい。ごっこ遊びに夢中になり想像力がどんどん深まっていくことから，「お寺の和尚さん」「はちべさんとじゅうべえさん」のような物語調のわらべうたで想像を膨らませながらお手合わせをしたり動作をしたりすることで，音楽の拍を感じ取っていく。

　5歳児は，強拍と弱拍からなる2拍子の感覚が身に付くことから，「大波小波」「ゆうびんやさん」などの縄跳び遊びを楽しむ。スキップもできるようになり，同じリズム型からなる「ずいずいずっころばし」「あんたがたどこさ」などのわらべうたも楽しむようになる。「あんたがたどこさ」は女の子の手まり唄であったが，現在は多様な遊び方がある。手拍子をしながら歌い，歌詞の「さ」のタイミングで友達と手合わせをするものや，「田」の漢字の対角線上に2人が向かい合って立ち，歌いながら拍に合わせて左右に跳び，「さ」のタイミング時には前方へ，次の拍で戻る遊び方もある。音楽的な観点からみると「あんたがたどこさ」は2拍子系でありながら途中3拍子になるため「さ」

の位置が定まらず，拍を外す感覚を伴う変拍子の楽しさも感じさせたい。その他，ベルやトーンチャイム，打楽器などで，旋律の音高やリズムを分けて演奏したり，一緒に合わせたりして合奏を楽しむ。

4 リズムを通して子どもたちに育つもの

　乳幼児のリズム体験は，音楽能力だけでなく，歩行などの運動能力や，会話など生活の場面で必要となるタイミングを合わせたり調整したりする能力も同時に培っていく。子どものリズム感を育てる活動は，決して保育者の叩くリズムを真似させたり既成のダンス音楽をかけて踊ったりすることだけにとどまらない。日常の子どもたちの会話や動きの中にリズムは散りばめられており，そうしたチャンスを見逃さず，反復したり速さを変えたりして即興的にリズミカルな応答や体の動きへ発展させることが大切である。日々の小さな体験の積み重ねにより，子どもたちのリズム感は培われていく。

　保育者は，乳幼児のリズムが発達と深い関係にあり，リズムが人間の生活を根底で支えるという理解のもと，子どもたちと一緒にリズムによる表現を保育の中で創造していくことが求められる。

3節　声による表現

1　文化としての歌

　あらゆる部族・民族・国家にはそれぞれの歌や旋律がある。アマゾン流域などでは「独自の歌」を持つ種族のみが生き残ってきたと言われている。これから50年後の日本を想像してみると，文化として子どもから大人まで一緒に歌える歌がどれほど残るのだろう。私たち大人，とりわけ保育者というのは，歌の伝承者として世代の架け橋にもなり得る存在なのではないだろうか。

　オーストラリアの研究者キャサリン・マーシュ（Marsh, 2008）は，子どもの日常における音楽行動について豪，英国などで収集し，子どもの歌やゲーム

から文化的背景，リズムについて分析している。その中で，今日のようなデジタルの世界になっても子どもたちの音楽する姿の中には伝統的な側面が残っていること，そして，文化や環境の違う国であっても「身体表現」と「歌」がつながった遊び，「言語」と「歌」がリンクした遊びが残存していることを国際比較研究として述べている。チーフー・ラン（Lum, 2012）らは，シンガポールに住む東南アジアからの移民ら5，6ケースの自宅を数回訪問し，家庭での音楽環境，歌環境などをインタビューしながら，移民の子どもらが持つ音楽アイデンティティの形成について調査しており，移民国においても家庭では民族の歌を歌いながら子育てしている姿を考察している。

　日本では，民謡，詩吟，わらべうたなどが日本独自の声による表現として伝承されてきた。明治時代に西洋音楽が導入された後，歌は時代によっては軍国主義の曲として歌詞を吹き替えて歌われ，国民の思想まで動かす力を持つものであった。子どもの歌としては，江戸後期から明治時代に「わらべうた」が脈々と伝承されていることが絵や記録にも残っている。そして，現在も「わらべうた」を保育現場で取り入れているところは多くある。

　その一方，現代の日本の家庭での歌は，J-pop を始めとするメディアから取り入れた曲が主流であり，子どもらは言語では日本語のみを話す傍ら，音楽的には多様な音楽環境（Multimusical）の中で生活しているといっても過言ではない。言い換えると，現代日本の子どもは，伝統的な日本の音楽にも西洋の音楽にも対応できる柔軟な音楽的感性を持ち合わせながら歌う文化背景をもっているのである。

2　子どもたちと歌うということの目的

　子どもは「聴く，覚える，歌う」ということを経験しながら日常生活で口ずさみ，歌いながら成長している。そして，時には「つくり歌」として，子どもの即興的な歌や替え歌などが，生活の中で何度も会話のごとく繰り返し行われている。しかし，そのような歌は，学齢期になるとともに消滅していく。

　園では，子どもたちが保育者の伴奏に合わせて歌ったり，手遊び，手合わ

せ遊び，アクションソングなど，パターン化された動作を共有したり，歌ったりしながら，グループで声を合わせる楽しさや歌を一緒に味わうことができる。2.3歳児のクラスでは，自分の思いを認めてもらうために自分が「主役のつもり」になって歌う姿を目にする。やがて，毎日の生活にちなんだ歌や動作を繰り返し歌い続けることで，自分を認めてほしい気持ちよりも，周囲との交流の喜びのほうが大きくなっているようである。そうなってくると，お互いの意図や思いは伝わっているとは限らないが，みんなと一緒にいたいという気持ちが高まっていく。そして彼らの歌声も歌らしいものに変わってくる。

　年中・年長児になると，遊びの中で覚えている歌を何人かで歌い合う光景を，多くの園で確認することができる。大好きな曲を一人が歌い始め，それに周りが便乗して歌い始めるのである。子どもが他の子どもが歌っている歌に加わって歌う姿というのは，既に音楽を介したコミュニケーションであるが，このような歌い合う楽しい実体験がこれまでの保育者によって毎日の保育で保障されたため，歌詞の「主人公のつもり」の中味がそれぞれの内面で作り出されて共有することが実現している。

　このように，大人だけでなく子どもにとっても歌うことは人と人をつなぐ機能を持ち合わせている。また，音楽的な発達においても，集団で歌を歌う行為は，音楽性や声域を広げるということだけではなく，言葉の発達や社会性に影響を及ぼすことも既に明らかになっている。

3　歌声は「共感」から「仲間意識を高める」

　保育者の歌やピアノに対する苦手意識は，子どもの歌う機会を失う要因の1つになり得る。それは，現代の子どもがますます表現する機会から疎外されることでもある。友達と声を合わせて歌う共通の体験は，子どもの歌詞のイメージはそれぞれ違うけれど，「同じ場所で歌うことが楽しい」「仲良しの友達と一緒に歌いたい」という仲間との空間を楽しむ集団として結びついてくる。そういった時に初めて保育がスムーズになるのではないだろうか。一対一の関係も大切だが，それをつなぐだけでは保育は成立しない。「スムーズになる」とい

うのは，1日の活動の節目などに何度か歌うことで，トラブルで活動が途切れることが少なくなり，子どもの気持ちも足並みがそろうので，生活の流れが良くなるという意味である。保育者側はこのような手応えを感覚として感じとるが，子ども側としてみれば，クラスの友達と一緒の生活が楽しくなってくると理解できる。そうなってくると，さらに友達を求めて遊びを見つけて園生活を自分たちで充実させていく。「むっくりくまさん」（スウェーデン童謡）などは遊び歌として現場でもよく実践されるが，「くまさんの眠る姿，逃げる，つかまえる」という楽しくドキドキするような予想をクラス全体が共有することによって，遊びの交流が生じる。また，ムニャムニャと寝言を言う細かい仕草を楽しみ，見立て遊びを育てている。なかには，保育者や大人としか見立て遊びができなかったような子どもらも，このような楽しい体験を積み重ねると，友達との空間も作り始める。つまり，繰り返しの多い言葉の絵本や，手遊びを子どもたちがあれほど繰り返し経験したがるのは，何が起こるかを共に期待し，一緒に逃げたり「なりきり」を共感したりするよろこび，遊びの意図を共有する瞬間が生まれるからだろう。そういった外面的な動きの共有は，年少児が歌う歌詞にも反映されている。「ちょうちょ」「ありさんのおはなし」「ぞうさん」など，子どもらが見たこと，経験したことがあるものを取り入れた歌詞を歌うことが多い。このような歌の共通の経験を保育者らが積み重ねたおかげで，年長児の「思い出のアルバム」「世界中の子どもたちが」「一年生になったら」など，未知の世界や深い意味の歌詞を内的に共感し，時には涙を流しながらクラスの仲間と声を合わせて歌うのである。

4 歌うことは子どもの内面を膨らませる

とはいえ，歌う行為は仲間意識を高めるだけのものではない。ここでは，一人一人の理解について考えていきたい。

まず，親や保育者が，何気なく散歩や遊びの中でも語りかけ，歌いかけることで，子どもらの感受性は引き出されている。乳児の受容能力を認識して，マザーリーズでの声かけの特徴でもある①言葉の抑揚，②繰り返しの言葉，③

ゆっくりと話す，④語尾を上げる⑤少し高い声といった保育者の声の表現を，子どもが見たり聴いたりすることによる感性の育ちを考えてみたい。これらの声色は，子どもが相手とのコミュニケーションのニュアンスを感じとり，周りの生活の音や自然の音に耳を傾ける意識づけになるだろう。言い換えれば，歌うことが聴く耳を育て，考える力を活性化させるのである。もちろん，これらは子どもが数年後，音だけでなく，周りの人や周りの環境にもかかわろうとする意欲的な姿勢を生むことにもつながると考えられる。

　幼児においては，歌遊び・手遊び・手合わせ遊び，わらべうた，アクションソングなど，バラエティのある歌を習得すること，そして5歳児までは音楽レッスンは「グループ」で行う音楽の方が「個別指導」で行うよりも効果的であるということも研究では明らかになっている。ホワイトマンら（Whiteman & Campbell, 2012）は，子どもらにカメラを持たせ，子どもが考える音楽とはいったい何なのかを撮影させ，その画像から音楽行動を探る試み（投影法）を行っている。その中で，子どもたちが感受している音，音の鳴る物体というのは必ずしも音が出るものではないということも述べており，子どもの音楽の世界観は奥深いものであることを示唆している。また，高須裕美ら（2017）が日米の5〜6歳児に対し「どんな時に歌いたい気持ちになるのか」というインタビュー調査を行ったところ，「辛い時に歌う」「元気になりたい時に歌う」「悲しい気持ちの時に歌う」といった子どもの語りがみられた。ここからも子どもの「歌う行為」に対する思いは，大人の想像以上に深いものであることが分かる。たとえ保育者に音楽への苦手意識があったとしても，歌を受け取った子どもらは，その歌のエネルギーを感じ取っているのである。では大人は，声の高さやリズム，そして体裁にこだわりすぎず，歌詞に対する想像力を働かせる感性と，子どもらに語りかけるような朗らかな表情，豊かな表現力を養うことができているだろうか。

　例えば，一宮道子（1897〜1970）の歌「おべんとう」「おかえりの歌」などは，今でもよく歌われる生活の歌だが，現在は形式的に歌うことに終始している。長尾智絵（2017）は，一宮の音楽実践は，「いつも楽しく遊びながら，音を

きく態度，ききとる能力，再現する能力を養い，創作活動につなげるというものであった」と述べている。一宮は，ただ斉唱することに終始せず，子どもの名前を入れて語りかけたり，ふしづけによる「うた」をつくって即興を楽しんだりする，というような表現を当時も実践していた。子どもは，保育者に歌いかけられたり語りかけたりすることで，音だけでなく歌詞の意味や人としての感受性を受け取るのである。親や保育者は，素晴らしいピアノ伴奏や，歌詞を覚えて歌うことはもとより，ダイナミックな表現や表情，楽しく歌う様子が子どもの表現力を引き出すのであるということに気付いていくべきではないだろうか。

5　言葉やオノマトペなどによる声の表現

　ここでは，言葉がまだ未発達な乳児たちの表現について考えていきたい。子どもが幼ければ幼いほど，一人一人を理解して丁寧にかかわっていくことが重要になる。乳児の泣き声や喃語，そしてオノマトペなど，表現（表出）は生まれたばかりの赤ちゃんから始まっている。それは，子どもの表現への第一歩であり，乳児の内的な会話であるということが分かっている。吉永早苗（2015）は，食べる行為を表現する言葉として「モグモグ」「ムシャムシャ」などの一般的な食べる行為としての擬音表現などを，子どもの目新しい擬音語に出会える機会を用意すべきであると主張し，いくつかのアイディアを提案している。このような表現遊びは「感性でつむぎ出す聞こえてくる音と表現したい音との隙間を埋める言葉である」とも述べている。その声を表現として認識して対話するのと，意味の分からない声として保育するのでは，子どもの発信する意欲に大きな差が出てくるのである。乳幼児の研究は脳科学研究の発展もあり盛んではあるが，子どもが発する音声の，どの部分が歌っている要素を持つのかということは，まだ明らかになっていない部分が多い。しかし，近年では母子間の音声によるコミュニケーションなどが明らかにされてきた。これは，親と子の二項関係のやりとりだが，親と子が，同じ対象に関心をしめして共有する三項関係も早ければ9ヵ月ごろには成立する。

　例えば，子育て支援センターで，親が子どもを膝にのせリズムに合わせて揺

らしたり，歌ったりする。同じ歌や絵本を親と一緒に眺めたり歌ったりすると，声をあげて喜ぶ親子の姿は，拡大解釈すれば三項関係である。このようなゆったりした空間での子どもの声の表現は，外見的には非常に単純に聞こえる。しかしながら，こういった表現は形式や音程も定まらない前段階の「うた」なのだという視点を持つと，この乳児の声は価値のあるものだと理解できる。

　大人は，子どもの音楽性を，音程やリズム感といった形式的な基準で評価してしまうことが多いようだが，内面が急速に拡大する乳幼児にとって，言葉やオノマトペのリズム，音を楽しむ行為は，成長の過程に大きな意味を持ち，このような遊びを存分に楽しむことが，生涯にわたって音楽を愛する人になる扉を豊かに開くきっかけになるのではないかと考える。

　近年は，気になるものがあると急に外に出ていってしまう姿，大きな泣き声を上げたかと思えば，急に違うところへ行ってしまう姿など，学齢期になっても気持ちが定まらないような子どももいる。歌を歌っても心が動かないというような感情が活性化していない姿も見られる。いずれの原因であったとしても園では三項関係のように，一緒に音を紡いでいくような内面の共有が実現するように努力をすべきなのかもしれない。子どもの繊細な「感じる」経験の一つである声の表現と，それを支える保育者の感性も，美術作品のように形には見えない。しかし，様々な育ちの環境の違いにもかかわらず保育の力を発揮できる教育実践が，「うた」にはあるのではないだろうか。

6　わらべうたによるコミュニケーション

　しかし，何でも歌えばよいと言うわけではない。ドイツの作曲家であるカール・オルフ（1895～1982）は，彼の音楽教育を「言葉から始めなければならない」と述べている。言葉のリズムや抑揚など，音楽的なリズムやメロディに置き換える作業というのは，幼児にとって極めて興味深い行動であるという。「となえ唄」や「お話」に音をつけたわらべうたは，言葉のイントネーションとリンクしていることが音の流れからも明らかである。子どもを園に送迎していると，登園して来た園児らは，長縄跳びで「ゆうびんやさん」「大波小波」

や「はないちもんめ」に興じている姿を目にする。このような幼児の姿を見ながら登園する1～2歳児を見ていると，じっと観察しては「……ビンさん，アダターた……」など，リズムにのって歌っている。この様子から，2歳児は自分なりに参加して歌っているのだということが伝わってくる。発表会で人に聴かせることができる声か，既成曲を再現できるか，という大人の評価をするのではなく，このような内面の育ちに共感して接していきたい。子どもの言葉の発達と同じように，途切れ途切れの歌や真似っこの遊びは，音楽活動の必須段階で基礎になるからである。このゆったりした広場での歌遊びや音遊びの経験が，音への感受性の基礎になる。

　乳児と歌う時には，既成曲を歌うのも良いが，言葉に音を加えたわらべうたは，遊びを介したコミュニケーションがとれるだけでなく，替え歌としても成り立つものがある。また，勝ち負けやゲームとしての楽しさ，ハッとするような表現遊びも味わえる。そして何よりも，保育者が子どもらの目を見ながらやりとりすることができる。まだまだ体の小さい乳幼児らは，次第に聞いたり見たりすることから声や動きで部分的に模倣しようとする。当然，保育者との日頃のやりとりから獲得するのである。この度の「保育所保育指針」の改定では，0～2歳の充実や地域文化が特色に含まれている。私たちはこれまでの生活の中で，自分自身が何を楽しみ，何に感動して，何を受け継いでいきたいのだろう。そのような快く楽しい経験を見つめ直してみると，地域の伝統遊びや祭りの存在意義を問い直し，子どもと心地よく共有したいと思う文化的な表現遊びにつながるのではないだろうか。

　近年，明治時代に作られた唱歌，大正時代に作られた童謡はもとより，昭和（戦後）以降につくられた子どもの歌が一般的に保育園・幼稚園などでは歌われている。これらは，子どもがリズムのある歌を好むという理由で選ばれることも少なくない。しかし保育者は，子どもにとってどのような歌が適切なのか，流行歌だけでなく，日本の歌の伝承者としてどのような曲が受け継がれていくべきなのかも考慮すべきではないだろうか。

4章 「表現」の保育　95

4節　楽器による表現

　子どもと保育者によって築かれる園生活の中心には遊びがある。楽器を用いた遊びもまた，他の遊びと同様に，各園で多様に展開されている。どの園の考え方にも共通しているのは，保育の中での楽器遊びは，習い事とは異なるという点であろう。保育ならではの取り組みがそこにはある。そこでまず，「幼稚園教育要領」「保育所保育指針」「幼保連携型認定こども園教育・保育要領」を下敷きにして，楽器を使う活動のあり方について整理したい。

1　楽器を使う活動のあり方

　領域「表現」にはいくつかのキーワードがあるが，その中から①感性，②イメージ，③自分なりの表現，の3つの視点から，楽器を使う活動について考えてみたい。感性は，感受性と同義とされ，物事を心に深く感じ取る働きのことである。万人に共通する知覚（例えば熱い・痛い）に対して，一人一人異なる感じ方のことを指している。それゆえ，領域「表現」の立場からは，楽器を使う活動においても，子どもが音を聞くことを楽しんだり，音の違いに気付いたり，不思議に思ったりなど，その子なり（自分なり）の感じ方を引き出す保育者の働きかけが期待されている。知覚することと，感性を働かせることは，似ているようで実は違う。子どもが「この音はタンブリンだよ」と音色を聴き分けて楽器の名称と結びつけるのは，まだ知覚の段階にあるのかもしれない。感性を引き出すとしたら，諸感覚や心の動きを伴いながら音を楽しむことが大切になる。その際のイメージの働きも見逃せない。イメージは，子どもの経験・体験を元にして，例えば音と色，音と動きなど，複数の要素をつなぐ時に発揮されると思われる。「子：このタンブリンの音，ポップコーンみたい」「保：本当だね。ポップコーンのどんな音？」「子・パチパチしてるよ」など，音に関する子どもからの発信に対して保育者が応答的にかかわることで，その子なりの感性が育っていくだろう。

96

　また，幼児期の終わりまでに育ってほしい姿として「気付いたことや，できるようになったことなどを使い，考えたり，試したり，工夫したり，表現したりする」姿が，「幼稚園教育要領」「保育所保育指針」「幼保連携型認定こども園教育・保育要領」（平成29年告示）に示されている。楽器を使う活動においても，その子なりの気付きを元に，試したり工夫したりして表現することが期待されていると言える。

　以上のことを踏まえて，次項から楽器による表現を具体的にみていきたい。

2　乳児と楽器

　赤ちゃんが最初に出会う楽器すなわち，音の出るものの1つに，ガラガラがある。音がすると笑ったり，手足を動かして反応したり，寝返りができるようになれば音のする方向に顔を向けたりする。やがて自分で振って音を出す。ふとした瞬間に手から滑り落ちて音がすると，今度は意識的に落としたり，別のものを落としてみたりする。このような，音を鳴らして楽しむ姿に対し，保育者が一緒になって音を聞いたり鳴らしたりして，音が出たことを共に喜ぶと，音にかかわる機会は増えるだろう。逆に，赤ちゃん側からの発信に対して保育者が無関心だと，音に対する興味の芽が摘まれてしまうかもしれない。

　また，音を介して大人と触れ合い，言葉のやりとりをしながら共に過ごすことは，人とかかわる力と表現の基盤を培うことにもなる。1〜2歳児になると，おもちゃの木琴・たいこ・ギロ（ひょうたんの内側をくり抜いた打楽器）など，様々な音が出るものを鳴らして楽しむようになる。子どもの鳴らす行為を優しく受け止め，応答的にかかわりたい。

3　自由な遊びにみられる表現

a　手作り楽器による表現

　子どもたちには，楽器を鳴らし，聞き比べ，想像し，自分なりに表現することを思う存分楽しんでもらいたいと思う。力いっぱい鳴らしてみたい，次から次へと鳴らして試したいという子どもの気持ちも受け止めてやりたい。しかし

ながら，楽器は，たとえ簡易楽器と呼ばれるものであっても，子どもの扱う用品としてはどちらかといえば高額で，子どもに自由に触らせるのはつい気が引けてしまう。手作り楽器は，響きの美しさでは本物の楽器に到底かなわない。しかし，より身近な「自分たちの楽器」として扱うことができるため，試す，考える，工夫することを，素朴に楽しむことができる。

手作り楽器（以下音具）に出会うと，子どもたちはどのような表現を見せるだろうか。ある年中児クラスでの様子である。最初は，音具を振る，転がす，手でたたく，音具同士を打ち合わせるなどしながら，どんな音が出るのか，どのように鳴らすことが可能なのかを理解しようとする。また，自分の音だけでなく，友達の出す音も気になる。新しい音が聞こえると，みんながその音を出している子に注目し，その子の手から音具が離れると，すぐに次の子が持とうとする。似た形をした音具を順に鳴らして聴き比べ，気に入った音のする音具を見つけて喜んだりする。このような探索活動がひと段落すると，友達に「ワン・ツー・スリー・フォー」と開始の合図を出したり，動きを合わせて同じリズムをたたこうとしたりするなど，友達と一緒に鳴らしたいという欲求も表現されてくる。

ここで，これらの表現がみられた背景について述べておきたい。1つには，見た目は同じでも，中身やその量を少しずつ変えた音具が多数あったことである。2つ目に，友達の存在である。聞く，比べる，試すという一見個人的に見える行為も，実は，友達に見たり見られたりしながら，互いに影響し合うことで活性化する。3つ目に，合図に合わせる，動きを合わせるといった，いわば合奏のルールを知っていたことである。合奏は，1つの音楽でみんなと一緒に遊びたい，みんなと一緒に鳴らしたい，という子どもからの欲求に基づくものでありたい。

b 自分の思いを楽器で表す

音の探索は，楽器に限って行われるのではない。わたしたちは，身の回りの音に対しても音の探索を楽しんでいる。日本語には，雨音1つとっても，ざーざー，ぱらぱら，ぴちゃぴちゃ，しとしと，しょぼしょぼ，ぽつぽつなど，擬音語が豊富に存在し，それぞれに雨の降り方のニュアンスが表現されている。

ぽとん，ぽとんと落ちる雨の下に鍋を置けばちょっとした楽器ができる。さ

て，どんな音が聞こえるだろうか。その音は何の音に似ているだろうか。他には何を置いたらいいだろうか。大きさの違うガラス瓶を並べれば，アンサンブルが聞けるかもしれない。自然や身の回りの音に耳を傾け，イメージするのも楽しいものである。このような経験が，何かをイメージしながら楽器を使って表現することにもつながっていく。

　年長児クラスのカズオは，自由に遊びに使える楽器の入った箱から，タンブリンを取り出し，ミュージックベルでたたき始めた。いいことを思いついたという顔をしてユウタを誘い，カスタネットをたたきながら後ろからついてくるように言う。二人で同じリズムを鳴らしながら行進し，おまつりごっこを始める。

　この事例でのカズオは，想像をめぐらし，自分が見つけた音から，鐘の音，太鼓の音が入り混じる音，練り歩く人びとの群れを思い出した。そして，ユウタを誘いおまつりごっこを実現した。もちろん，楽器の正しい使い方による表現とはいえないが，自分の思いを楽器を用いて表現する楽しさに加え，音を介して人とかかわる楽しさも味わっていることが読み取れる。

4　合奏の指導

a　カール・オルフの教育理念

　保育者は合奏をどのように指導したらよいのだろうか。この疑問に対し，音楽教育者であり作曲家でもあったカール・オルフ（1895 ～ 1982）の理念は，大きな示唆を与えてくれる。

　彼は，子どもとの即興的な活動の中で，教えるのではなく，気付かせて引き出すことから始めるという考えを持っていた。そのため音楽学習を理論から始めるのではなく，体と声と動きで音楽を表現しながら，観察，模倣，実験，創造の経験をとおして，音楽を探究する学習システムを構築した。オルフの考案したオルフ楽器は有名であるが，彼が最も大切にしたのは声と体である。言葉遊び（たとえば ding dong digidigi dong）や手拍子足拍子，さらに身の回りの音，手作り楽器，などを素材として，即興的な音楽活動を展開した。音楽にかかわる経験と探究を繰り返す中で，おのずと音楽について学ぶことを目指した。教師の仕事

は，模範を示しつつ，先行経験をより高いレベルの経験へと導くことである。

オルフの理念は，環境に心ゆくまでかかわる経験から子ども自身が学び，保育者はそれを側面的に支援するという，保育の考え方に共通するものがある。

b　楽器遊びの実践例

この項では，合奏の前に経験しておきたい活動を例示してみたい。いずれも即興的な活動である。曲に合わせて各自が感じたリズムを鳴らすこと，経験した鳴らし方やリズムの中から気に入ったものをみつけること，順番に鳴らしたり友達と一緒に鳴らしたりして楽しむことが，これらの活動のねらいである。楽器を手にしたら，まずはどんな音がするのかなと，実際に音を出して確かめたくなる。その気持ちを受け止め，まずは手にした楽器を鳴らす時間を設け，一呼吸おいてから始めたい。

(1) 音を出すことを楽しむ

拍やリズムにこだわらず，思い思いに鳴らして楽しむ。例えば全員が鈴を持ち，保育者の歌に合わせて「遠いところにサンタさんがいるね」と小さい音で鳴らす。2番は「そりが近づいてきたよ」と大きい音で，イメージをふくらませながら，思い思いに鳴らして楽しむ。ゆっくり，速く，だんだん大きく，急に小さくなど，変化させて楽しみたい。保育者が模倣の対象となり，楽器を持ち，歌いながら子どもと一緒に鳴らすと，年齢の低い子どもたちでも安心して楽しむことができるだろう。

(2) 順番に鳴らして楽しむ

3つのグループに分かれ，それぞれ違う楽器（ここではカスタネット・鈴・タンブリン）を持つ。例えば「かえるのうた」の前半部分を「カスタネットの音がきこえてくるよ」と歌詞を変えて保育者が歌いかけ，それに続く「グワッグワッ……」の部分を，カスタネットを持った子どもたちが好きなリズムで鳴らす。2番は「鈴の音が……」，3番は「タンブリンの音が……」，4番は「みんなの音が……」のように歌いかけ，自分の持つ楽器のところで鳴らす。順番に鳴らしたり，全員で鳴らしたりして楽しむ。「大きな音が」「小さな音が」などと変えて行うこともできる。

(3) リズムの模倣を楽しむ

保育者は，♩ ♩ ♩ ♩ ♩ や ♫♫ ♩ ♩‖ など，言葉に合わ（りんご）（さくらんぼ）

せて楽器を鳴らす。子どもは保育者の模倣をしながら，いくつかのリズムを応

答的に鳴らして楽しむ。♩ ♩ ｜ ♩ ♩ ♩ ♩‖ など，8拍分の（どーん どーん）（た い こ）

リズムを扱うこともできる。保育者の模倣だけでなく，子どもたちが自分の好

きな言葉を探し，それに合わせて楽器を鳴らし楽しめるようにしたい。

(4) 指揮者に合わせて鳴らす

ここまで述べてきた活動は，指揮者なしでできるものであったが，合奏に向

けて，指揮者に合わせて鳴らすことも経験しておきたい。

たとえば，保育者が「このリズムわかるかな？」と手の動きで

♩ ♩ ♩ ♩‖ のリズムを知らせ，子どもが「りんご」と言いながら

鳴らす，といったことから始めることができる。保育者の手の動きからリズム

を想像し，楽器を鳴らして応答することを楽しみたい。なお，たとえば保育者

の手が下にある時は音を出さないなどのルールを決めて，音が鳴っていない静

かな時間も大事であることも知らせておきたい。

c 音遊びから合奏へ

合奏とは，一人一人がそれぞれの楽器を持ち，みんなで1つの曲を演奏する

ことである。自分の演奏するパートやリズムを覚え，みんなで鳴らすことで，

1つの演奏が出来上がることになる。子どもたちが，これまでに経験した鳴ら

し方やリズムを思い出しながら，自分の気に入ったリズムを選んで曲に合わせ

て鳴らし，どうしたらいいか考えたり，教え合ったりしながらできる活動であ

りたい。しかしながら，合奏は発表会等の行事に向けて取り組まれることも多

い。多少難しい曲に挑戦させ，達成感を味わわせてやりたいと思うと，演奏の

仕上がりも気にかかる。幼稚園教育要領において，行事の指導者が「幼児の負

担にならないように」と指摘されていることも踏まえ，保育者は，子どもから

の発信に応えながら導くという視点を見失うことなく指導したい。

5 やりたい時に自分たちでできる力を

　年長児クラスの保育室での自由な遊びの時間が終わるころ，スピーカーから流れる音楽に合わせて，4・5人の子どもが楽器を鳴らしていた。そこへ一人，また一人とつられるようにして棚から楽器を出しリズムを取り始め，やがて10数人の合奏になったのを見たことがある。楽器の鳴らし方やポーズは自由な表現でありながらも，子どもたちの鳴らすリズムは音楽にうまく同調していた。音楽や友達との一体感を楽しむ遊びが，そこにあった。このような姿を見ると，合奏が，したい時に自分たちでできる遊びであることを実感する。

　音とかかわる楽しさ，音から想像する楽しさ，音楽に参加したいという気持ち，知っているリズムがあること，そして友達と一緒に演奏する楽しさ，このような楽しさを知った子どもたちは，自由な遊びの時間においても，クラスでの活動においても，自ら楽器を手に取り表現して楽しむ。子どもたちの楽器による表現は幅広くあることを大切にした保育をめざしたい。

5節　ものとかかわる活動

1　ものとかかわる活動の意味

　子どもは，ものとのかかわりを通して成長していく。運動会の練習時に時間を持て余して地面の砂を触るような経験は誰にでもあるだろうが，幼児期には時間を忘れて土粘土の心地よさに浸り，何時間もつくってはこわしをしながら空き箱で遊ぶなど，子どもが自分からものとかかわって遊ぶ姿は大人とは明らかに違っている。こうしたものとのかかわりの過程で，子どもは様々な発見をしたり，試行錯誤をしたり，人とのかかわり方を学んだりしながら，挑戦をくりかえし，自分自身の体や思考，人との関係性を育んでいる。そこで，本節では，ものとかかわる活動が子どもたちにもたらす意味について，保育現場における乳幼児の活動場面の実際の事例から理解していく。

a　身の回りの環境を知る

　子どもは，身の回りの環境にあるものとのかかわりの中で発達していく。乳児がベビーベッドの上でおもちゃをキュッキュッと握って音を出すのは，自らの働きかけで起こる変化を楽しんでいる場面である。乳幼児の視力については，新生児の時期には 0.01 〜 0.02 で追視ができなかったのが，6 ヵ月では 0.1 ほどになり追視もでき，奥行きや距離感がつかめるようになるが，1 歳でも 0.2 〜 0.25 ほどの視力であるため，乳児は目で捉えることよりも触ったりなめたりしてものを確かめることの方が得意である。そうして，仰向きで寝かされた状態でも手を伸ばしたり口を使ったりして，自分の身の回りの環境をものや人とのかかわりを通して知ろうとする。そして，次第に座れるようになり，はいはいをして身の回りの環境について探索し，生後 8 〜 18 ヵ月の間で自分の力で歩き始めると低い棚の上や引出しの中にあるものをとろうとするなど興味の範囲を広げていく。このような探索活動では，少しずつではあるが，子どもが空間や場所にかかわって行動の範囲をものとのかかわりにおいて広げていくことになる。

　U・ブロンフェンブレンナーは，著書『人間発達の生態学（エコロジー）』の中で発達しつつある子どもは，複雑で相互作用的な生態学的環境システムの中にはめ込まれているという。生態学的環境システムとは，親子関係という最も小さなマイクロシステムから，学校や園といったもう少し大きなメゾシステムへ，両親の社会的ネットワークへ，文化へと次第に広がるシステムであり，子どもたちのその置かれる環境の中で発達していくという。

　また，1 歳数ヵ月の子どもが穴に砂や素材を入れては落ちてくることを何度も繰り返し試したり，4 歳児がどんぐりゴマがよく回るように軸の入れ方を工夫したり，5 歳児が友達と一緒に積み木をお城のように高く長く積む方法を模索するのも，身の回りの環境やものを理解しようとしたり，その仕組みや物理的法則を自分の体験から知ろうとしている姿である。このようにして，乳幼児は，ものとのかかわりの過程では身の回りの環境の中で様々な成長と学びを獲得していく。

b　ものや人との愛着をつくる

　また，子どもは，ものとかかわる活動を通して，ものや人との愛着を形成し

ていく。1歳くらいの子どもは，言葉で何かを伝えられなくてもしきりと興味の
あるものを指差しして，身近な保育者に要求をする。「あれをとって！」とか，
「もう一度やって！」など，思いを指差しで伝える。この時，保育者は子どもの
思いを確かめては，要求に応えていく。そうして，子どもは保育者が発する言
葉を覚え，自分の要求をくみ取ってくれる保育者に安心と信頼を深め，愛着を
つくっていく。また，幼児なら，遊びの仲間に入れてもらえない時に，大切にし
ているおもちゃやきれいな石などを繰り返し持って行って，仲間に入れてくれる
ように友達と交渉している場面を目にすることがある。この時，大人にとっては
単なる石ころであっても，子どもたちにとって大切で特別な宝物である。そのた
め，子どもたちは，ものとのかかわりを通して人とのつながりを築いていく。

　ものとの愛着については，1歳クラスの子どもが好きな素材を選んで集めて
いる場面や，2歳や3歳の子どもがものの取り合いでけんかになることが多い
のも，ものへのこだわりが強まっていると同時に友達ともつながりたいという
気持ちが生まれてきている場面である。4歳児が不安な気持ちの時に大切なも
のを握りしめてこらえている場面では，ものが子どもの心の支えになってい
る。ある5歳児は，仲良しの友達や家族とは話をするのに，クラスの全員の前
では一言も話をしないが，かいたりつくったりする場面では，時間をかけて自
分の思いを誰よりも豊かに伝える表現をしているということもある。こうした
場面や作品を保育者が気付き，認めて，時に友達に伝えていくことで，子ども
たちは他者の思いや面白さに気付いていく。このようにして，乳・幼児は，も
のとかかわる中で，ものと，そして，人との関係をつくっていると言える。

c　思考の深まり・イメージの広がり

　大人でも自分の気持ちをすべて伝えることは簡単ではないが，ましてや，語
彙も少なく，文字での表現をしない幼児にとっては思いを伝えることはとて
も難しい。ただし，絵に描いたりものを作ったりして，自分の気持ちを表し
たり，想像を広げたりする姿は日常的にみることができる。イタリアのレッ
ジョ・エミリア市における幼児学校と乳児保育所で行われているレッジョ・エ
ミリア・アプローチでは，こうしたアートを学びの手立てとして実践を積み上

げてきており，今は，小学校にもこの手法が継続して取り入れられているという。筆者が訪問した際も，降園後の幼児学校の入り口には，子どもたちが遊んだあとの貝殻や木の枝がきれいに並べられて空間が飾られて残されていた。子どもたちは，ものとかかわって，言葉だけに限られない思考を深めたり，イメージを広げたりする遊びを通して，思いを表現していくことを学んでいる。

2　園生活におけるものとのかかわり

〈事例1：和歌山市立紀伊幼稚園の事例から〉

　「おはようございます！」と元気に登園した園児の手に，牛乳パックやゼリーの容器，アイスクリームの棒，ペットボトルのキャップなどの雑材がたくさん入ったナイロン袋がしっかりと握られていた。遊びの素材とするためである。この子どもに限らず，本園では多くの子どもが遊びにいろいろな雑材を利用する。例えば，牛乳パックの車体にゼリー容器の車輪を付けて自動車や機関車をつくったり，先端にリボンを何本か付けた長い筒の持ち手部分にキラキラテープを巻いて魔法のステッキにしたり，空き箱を太鼓に見立てて叩いた時に出る音を楽しんだり，カップを2つ箱に貼り合わせて水中眼鏡にしてみたりといった具合である。

いろいろな素材で作る

水中眼鏡ができた

〈事例について〉

　保育室には雑材以外にもいろいろなテープ類や紙類，はさみやのりなどが自由に使えるように環境構成がしてあり，子どもたちはそれらの用具を使いながら好きなものをつくって遊ぶ。一見すると，その場で遊んでいる子どもたちは同じ遊びを通して一緒に遊んでいるように見えるが，実はその限りではない。子どもの様子をよく見ると，つくったものをままごとに取り入れて遊ぶ子どもやごっこ遊びのための衣装や道具にする子ども，保育室の壁面や棚の上に飾って楽しむ子どもなど使い方は様々で，雑材を使ってつくったものだとしても子どもによってそれぞれ思いや考えがあり，素材の使い方や表現の仕方が違うことがわかる。それぞれの子どもが自分なりのイメージをもちながら素材にかかわり，考えてはつくり，つくっては考え，素材の使い方を試行錯誤しながら工夫して遊んでいるのである。

　造形の遊びは，いわば無から何かをつくり上げていく，またはあるものからあるものへ形を変えていく活動で，幼児の考える力やイメージする力，形にしていく力などを刺激する。また，「つくることが楽しい」と感じられるようになることは，幼児が身近なものに積極的にかかわる力を育むことにもつながる。身近なものを使い，幼児の自由な発想で，描いたり作ったり，切ったり貼ったりして創造力を育み，様々なものへの興味や関心を広げながら豊かな経験を積み重ねてほしいと考えている。

3　素材とのかかわり

　あかさかルンビニー園がある有田町は，日本の磁器発祥の地として400年続く磁器の町である。その町の産業である陶土を使って遊んだ事例を紹介する。基本的生活習慣を次第に身に付け，何でも自分でやりたいという意欲があり，色々な素材に向き合うことを喜ぶのが2歳児頃である。特に

土とかかわる

土（砂）や水は大好きで，季節感を味わいながらいろいろな形で子どもたちの遊びの素材となっている。

〈事例2：佐賀県有田町あかさかルンビニー園における2歳児と陶土の事例から〉

a 「陶土」室内で遊ぶ

先生みて！

いつものようにテーブルに座る子どもたちに，陶土を少し手渡した。粘土板の上で陶土をペタペタと平たく伸ばす子どもや，クルクルと両手でお団子をつくる子ども，両手で蛇のように細長く伸ばす子どもと，いつもの通り子どもたちは遊び始めた。ただし，いつもと違って少しざらざらしており，だんだん水分がなくなってくるとポロポロとくっつかない粘土の様子に，子どもたちは，すこし戸惑いながらも，かけらをくっつけようと試みている。それを見た保育者が子どもたちに，ビニールが巻かれた針金を出してくれた。お団子をさすようにいくつもの丸をさしていく子どもや，山のような形に針金をさしていく子どもなど，何かに見立てようとするような活動になっていった。そこで，保育者は子どもなりの作品のようになるかもと思い，小さな板を子どもたちに手渡してみた。すると子どもたちは板と陶土を使い，山のように盛り上げ，針金を使い，高く積み上げていくなど様々な子どもなりの作品をつくることになった。

b 「陶土」戸外で遊ぶ

本来「陶土」の持つ独特の感触をもっと感じてほしいと保育者は考え，前回室内で遊んだ「陶土」を使って戸外での活動を計画した。この日，気温は30度を超える暑さの上，雨が少し降るあいにくの天気だった。感触の違いを感じてほしいと思い，前回使ってバリバリに乾燥したものを1週間水の中に浸した陶土

ぐちゃぐちゃにねんどがとけた！

4章 「表現」の保育   107

と，新しい陶土を使った。子どもたちは汚れてもいいようにパンツ1枚になり園庭にやってきた。タライの中に沈む「陶土」に両手を突っ込みぐちゃぐちゃと粘土が解けていく感じを長い時間座り込んで感じる子どもや，新しい粘土に水を加え，ぬるぬるとした感触を足の裏で感じる子どもなど，前回と違い体全体で陶土の感触を感じている様子だった。雨も降っていたため，軒下の限られたスペースで子どもたちは集中し「陶土」との遊びに没頭していた。また，自然の雨がもたらす水たまりや，雨どいから流れ落ちる雨水を使い「陶土」と水とがコラボする感触に泥んこになりながらも，子どもたちは楽しさを体全体で表現していた。こうした子どもたちの姿から同じ素材でも環境や設定，素材同士の組み合わせによって，子どもたちの遊びがまったく違ってくることを，改めて保育者は子どもたちから教えられた気持ちになった。

粘土の感触を楽しむ

6節　行為・操作からの活動

1　行為と操作の関係

「行為」とは「もの」とかかわり意思をもってする行いであり，「操作」とは手，指などを使って「もの」を変化させる行為である。

造形表現おける行為は触る，握る，掴むなどで，乳児がはう，立つ，歩くといった運動機能の発達にともない活動範囲が広がってくると，周囲のものに興味をもち，探索活動を盛んに行っていく。その中で，自分の好きなものを見つけ触

わったり，握ったり，離したりを何度もくり返し，その行為自体を楽しみ，行為をくり返す中で，子どもは「もの」の性質や操作の方法を見つけていくのである。

2 行為を楽しむ遊び

身体の運動機能が発達していくと，触る，持つ，握る，など手を使っての活動も多くが見られる。周囲の「もの」に興味を示し，探索活動も盛んに行われ，その中で自分のお気に入りの遊びを見つけ，行為そのものを楽しむ姿がある。

ボトルキャップで遊ぶ

〈事例3：ボトルキャップを4個以上連結して，ビニールテープで巻いたもので遊ぶ〉

握ったり，離したり，打ち合わせたり，穴に入れたりすることをくり返し楽しむ。この行為の中で，色を感じたり，「もの」を確かめたりしていく。活動自体は簡単な行為だが，自分のお気に入りの遊びを見つけ楽しむ。

〈事例4：小麦粉粘土とストローで遊ぶ〉

小麦粉粘土にストローで刺したり，抜いたりの行為を楽しみ遊ぶ。この行為を通して，刺すという行為や抜くという行為を純粋に楽しみ，小麦粉粘土の感触を味わったり，その特性を知っていく。

ストローを刺したり抜いたり

〈事例5：ハサミで紙を切る〉

持ちやすい大きさに切った画用紙をハサミで切る活動。左右の手を使い，ハサミで画用紙を切っていく行為の中で，紙が切れていく感覚や

切る行為を楽しむ

チョキンチョキンという音を感じながら，夢中になって切る行為を楽しむ。

〈事例について〉

これらは行為そのものが楽しい造形活動である。子どもたちは遊びを通して材料や素材と出会い，それにかかわることでその「もの」のもつ性質を知っていく。五感を使い，素材の色の美しさ，手触り感，重み，質感を感じ取り，同時に感覚的な側面も培っていく。そして行為自体が楽しいと感じられる遊びの中で手の使い方，道具の使い方を覚えていく。

活動の中でくり返し楽しむ姿が見られるが，くり返すことに意味があるのではなく，その行為自体が楽しいので同じ活動を何度もくり返すというとこである。そこで大切なことは子どもの年齢に合った材料の選択，環境の作り方，保育者のかかわり方である。保育者が子どもの目線に立ち，行為の中にある子どもが感じる楽しさや思いに寄り添っていきたいものである。

3 操作を楽しむ遊び

様々な「もの」に触れたり遊んだりする経験が増えてくると，「もの」の性質を理解し自分なりの遊び方を見つけて楽しむ姿が見られる。このように「もの」とのかかわりの中で組み合わせ方や使い方を自分で考え，実際に手を動かし，目の前の「もの」の形を変化させていくことを操作するという。操作を楽しむ遊びとはそのものの形を変えたり，別のものと組み合わせたりと試行錯誤をしながら楽しむ遊びである。

〈事例6：紙管と四角の厚紙で遊ぶ〉

大小の丸い紙管と四角に切った厚紙を構成していく活動。最初からこうしようと決めてするのではなく，並べたり，積んだり，集めたりして遊ぶ中で試したり考えたりと試行錯誤をくり返し，自分なりの組み合わせを見つけ表現する。

紙管を積んで遊ぶ

〈事例7：障子紙の染紙遊び〉

　障子紙を折り，絵の具をつけると色が染み込んでいく紙を染める遊び。指先を使って紙を持ち替え，別の色を染み込ませていき，紙を広げると様々な模様ができる。そして，活動を通して色の変化や染まってできる模様の変化に気付いていくのである。

染紙を楽しむ

　このように活動を続けていく中で，次はこんなふうにしてみようとかこうすればどんな模様ができるのかと期待を持ち次の活動につなげていき，紙の折り方や染め方を楽しみながら創意工夫する。

〈事例8：牛乳パックを切ったものとビニールテープで遊ぶ〉

　違う形に切った牛乳パックを集めたり，並べたり，重ねたりしながら，牛乳パック同士をテープでつなぎ，自分の見つけたつなぎ方をしていく。でき上りのイメージを持って始めるのではなく，1つ貼る所から考えたり工夫したりしながら貼り方を操作することを楽しむ。

牛乳パックで遊ぶ

〈事例について〉

　これらの活動は「もの」とかかわり子どもたちが手や指先を使って試行錯誤しながら「もの」を操作している活動である。操作する中で，こうしてみたいとか，こうすればどうなるのかなどの思いをもち，実際にそれを試してみることで自分の思いを形に変えていくのである。このように操作を楽しむということは子ども自身に「こうしたい」という意志や「やってみよう」というチャレンジ精神があるということである。そして実際にそれが実現できる環境を整え，

そこに保育者の適切なかかわりや子どもの気付きに共感する姿を伴うことが望ましい。

4 行為から操作へ

前述したように行為そのものが楽しい活動をくり返していく中で，試したり，工夫したり，自分の思いに気付き，それを自分の手や指先を使い「もの」を操作して表現していく。難しい操作ができるという手の巧緻性に意義があるのではなく，そこにその子なりの思いがあることが大切である。よってこのように行為自体を楽しみ，操作することによって気付いた自分の思いを形に変えていくことができる。そして目の前でその変化を感じられることによって，遊び自体が面白くなり，操作することを存分に楽しめるのである。

〈事例9：洗濯バサミで遊ぶ〉
　たくさんの洗濯バサミとダンボールなどの挟めるものがある環境を作っておく。

①最初にダンボールにはさんであった洗濯バサミを外して楽しむ感覚的な遊びから始まる。

②洗濯バサミで挟むことができるようになり，挟む位置や洗濯バサミの色を操作する。

〈事例について〉

　最初は挟むより外してパチンという音を楽しむ感覚的な遊びや外したものを集めたりの遊びをしているが，遊ぶ回数が増えてくると自分でも挟みたいという遊びに代わり，挟むことができるようになると洗濯バサミ同士を挟んでみたり，色にこだわったりと自分なりの組み合わせを考えて操作する。このように外すと挟む行為から挟み方や使う色を選び自分の思いを浮き上がらせ，それを形にしていく。

〈事例10：シール貼り〉

　シールを台紙からめくってペタンと貼っていく活動。

①台紙からシールをめくってペタンと貼る行為の楽しい活動。

②貼るという行為が上手くできるようになると貼る位置や組み合わせを考えて操作していく。

〈事例について〉

　シール貼りは子どもたちの大好きな遊びの1つである。簡単に引っ付くことでめくってペタンと貼る行為自体が楽しく，その活動をくり返す中でその子なりのリズムが生まれてくる。最初は手元を見て台紙からシール外すことから始まり，目の前にあるものに貼っていく。このようなシールを貼るという経験が増えていくと，自然と指先も上手に使えるようになり，自分の思いに気付くようになると，シールの色や形，貼り方へのこだわりが見られるようになり，自分の

思うところに貼りたいという意志が表れ，その思いを実現するために指先を巧みに使ったり，シールの組み合わせを選んだり，考えたりして操作を楽しむ。

5　操作と操作を組み合わせる活動

1つの操作ができるようになると自分で考たり，工夫して操作をしたり，組み合わせたりすることを楽しめるようになっていき，そこからまた次の活動へのきっかけづくりができるようになる。

〈事例11：窓を開けると……〉
　画用紙で窓を作ることをきっかけに描く。

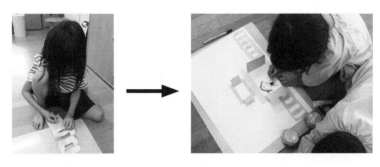

①画用紙を折ったり切ったりの操作をして窓を作る活動。

②操作をした画用紙を組み合わせて描く活動につなげていく。

〈事例について〉
　紙を折ったり切ったり広げたりと操作し，それを組み合わせることでできた窓を貼る。イメージを広げ自分の思いをかくという活動につなげる。この活動の中で窓が1つできると次はこんな形の窓を作ってみようという意欲やこんなふうにするにはどのようにすればよいのかを考えたりして工夫が生まれる。できた窓を組み合わせることでさらにそこに描くものへのイメージを明確にし，自分の表現につなげていき，その子なりのお話の世界を創ることを楽しむ。

6 まとめ

これまで述べたような活動から,子どもは「もの」と出会う行為自体を楽しむ中で,「もの」の性質を知り,活動への意欲を育て,五感を通して感覚的な側面も豊かにしていく。そして,次はこうしてみたい,ああしてみたいという意志をもち,決めたり,選んだり,考えたり,試行錯誤しながら「もの」を操作していく中で自分の思いに気付き,それを形に表していくのである。このような活動を通してより深い造形活動へとつなげていくことで,豊かな感性と表現するという喜びを感じる心を育てていくことができるのである。

7節　色彩と表現

1　子どもにとっての色彩

子どもの頃,たくさんの色が並んでいる色鉛筆やパスを見ると,美しさを感じ「使ってみたい」と心がワクワクした記憶はないだろうか。1つの色を手に取り描いては色を替え,すべての色を使った時,満足感を感じる。他にも,例えば,身近に咲いている花を見つけ,花びらをこすりそれに水を混ぜると色水ができたといった時の感動や,ペン(水性)で描いた線の上に水を垂らしてみると色がにじむといった不思議さを発見した時の喜びなど,色は子どもにとって心を動かし,豊かな感性を育み,好奇心や思考力をかき立てるものである。

しかしながら,子ども(おおむね3歳児後半頃まで)の描画活動において,色はそれほど重要な役割を果たしていない。すなわち,

3歳児の描画

大人が考えるような人物である顔はうす橙，髪の毛と目は黒，口は赤などといったイメージに色を結びつけて使うような表現はほとんど見られない。これは，この時期の子どもは描画活動などにおいて，色というよりも形への関心がまだまだ高いからである。

　それが次第に身近なものや自然物に触れることが多くなってくると，例えばイチゴは赤，葉っぱは緑，星は黄色などというように，少しずつ，自分が表現するイメージと色を結び付けていくのである。このように色を意識して表現するようになっていくまでの間，子どもにとってどのような色遊びの経験が大切であるのかを考えていかなければならない。

　大人にとって色で遊ぶというと，たいていは描画活動を想像するのではないだろうか。しかし，子どもにとって色は先ほど例にも出したように，変化した時の不思議さや発見が喜びとなり，何度も繰り返し行いたくなる遊びの素材の一つである。この色という造形要素のおもしろさや行為の楽しさを味わいながら，様々な経験を積み重ねる中で色彩感覚を身に付け，色とイメージを結びつけながら自分なりに色を使って表現するようになっていくのである。つまり，このような経験がない子どもに，大人が思うようなイメージの絵を描かせようとしても，色と色を混ぜ合わせ色の変化を楽しんでしまうことが多くなってしまうのは子どもの自然な姿なのである。では，実際，色を使って遊ぶとはどのような活動なのか，いくつかの事例をあげてみることにする。

2　色の美しさや不思議さを感じる

〈事例12－1：色水遊び〉

　写真は3歳児の6月頃の活動である。好きな色のペンで紙に描き，それをトレーの上に置き霧吹きで水をかけるという活動である。紙に霧吹きで水をかけると線がにじみ，色の水がでてくる不思議さと，できた色水の美しさに子どもは夢中になっている。トレーにたまった色水を小さな瓶に移してみると，トレーにできていた時の色水とはまた違い，色の透明度がとても美しく見える。このような色合いの心地よさ，美しさが得られた子

　色のにじみを楽しむ　　　　瓶に入れた色水を並べる

どもは，また違う色を試してみたり，色と色を混ぜ合わせてみたりしながら，何度もこの行為を繰り返すという姿が見られる。

　瓶に入れた色水がたくさんでき始めると次に，その色水を並べる遊びが始まりだした。瓶のフタを閉める時には赤の色水には赤いフタ，緑色には緑のフタなど，3歳児なりに色を意識しているような行為も見られた。太陽の光が色水を照らすことで，自分たちの作った色水がさらに美しく見え，子どもたちの満足感と共に，色に対する意識を持った活動を見ることができた。

　さらに，色を意識した活動が見られた別の色水遊びの事例をあげてみる。

〈事例12-2：色水遊び〉

　ペンで色付けしたコーヒーフィルターを透明容器に広げ水を少しずつ垂らしていて行くと濾過された色水が溜まっていくといった遊びである。初めは透明だった水がフィルターを通ることで色水に変わるといった不思議さや，色の美しさに魅了され繰り返し活動することでたくさんの色水ができた。子どもたちは色水の中のフィルターを出し絞ってみたり，色水と色水を混ぜ合わせ，色の変化を楽しんでいる。そのような活動の中，保育者が机に並んでいる色水の容器を「赤のお友達がたくさんいるね」と赤系統

4章 「表現」の保育　117

色の変化に気付いて並べはじめる

同じ色の系統を集める

の色を集めた。すると，周囲の子どもたちが自らよく似た色同士の容器を集め出し，色を見比べるといった行為が見られだした。赤の中でも橙に近い色や，緑から黄色へ変わっていく途中の色を見つけるなど色の微妙な変化や移り変わりに興味を持つ姿が見られた。

　また，その後には，できた色水を「水のお引越し」と言いながら丸く凹んだ容器にスポイトで移し替える遊びの場面では，自ら同系色を集める子や，色の移り変わりの美しさを意識している子どもの活動や容器にたまった色水を見て「メロンジュース」「イチゴジュース」といった，自分の知っているものと色を結び付けて遊ぶ姿も見られた。

〈事例について〉

　このような活動を通して，子どもたちは色で遊ぶ体験を重ね，色という材料のおもしろさや不思議さを味わい，自分なりにイメージするものと色を結び付けながら表現する力を身に付けていくのである。

3　色の混ざり方や感触を楽しむ

　次にあげる事例は，絵の具を用いた色遊びである。絵の具という描画材を使う時，保育者は何かテーマに沿って描かそうとしてしまうことが多くなってし

まう。しかし、絵の具も色水と同様、色を混ぜる面白さや描くといった心地よさを、まずは経験することが大切なのである。

子どもたちの大半は、絵の具という描画材に出会う最初の場所となるのが、乳・幼児期における園生活であろう。保育者としては、子どもは遊びが生活の中心であり、特に初めて出会う材料用具を扱う時には、何かを完成させるために扱うのではなく、その材料用具で遊ぶことが楽しいと感じられるようにすることである。

〈事例13：絵の具遊び〉

初めての絵の具・3歳児

絵の具の感触を楽しむ

この事例は3歳児5月に初めて絵の具で遊んだ活動である。机一面にビニールシートを貼り、絵の具を塗り広げる活動であったが、子どもはビニールシートと筆から伝わってくる絵の具の感触が心地よく手に絵の具を塗りだした。保育者はその子の心地良さそうな満足感を受け止め、壁にもビニールシートを貼ることで子どもたちの遊びが広がり始めた。絵の具の鮮やかな色と心地よい感触を確かめながら、壁や机の上に手を置き満足そうに絵の具遊びを楽しむことができた。広い画面に繰り返し描けるような環境の中、どれだけ腕を大きく動かしてもまだ、十分に描ける画面があることで子どもたちは、色を変え、描く場を変えて遊ぶことができるのである。そして、友達が描いた場と重なり合ったことの偶然から色の変化や混ざり具合、自分の手についた絵の具の色がだんだんと変化していく面白さや不思議さに出会える。

また，絵の具で遊ぶ以上，筆を扱えるようになっていく必要性も求められるのだが，手先が未発達な子どもにとって狭い画面に筆で描くことは難しく広い画面に繰り返し描けるような環境が必要である。例えば，保育室いっぱいに模造紙を敷き，保育者があらかじめランダムに線を引いておくなど少し，画面に変化を加えることで，子どもはその線の中を塗ってみようという気持ちや，となりあう色の意識や好きな色を使おうとする思いを持つことが多い。その枠の中を自分の好きな色で丁寧に塗り，また違った枠を次の好きな色で塗る，次々に自分の好きな色で埋められた枠が並ぶことが楽しさにつながる。このような経験を繰り返し，絵の具の感触や色の楽しさ，心地よさを味わいながら，筆の持ち方にも興味や関心が深まっていくのである。

このような色遊びの経験を重ねると共に，子どもは毎日の生活の中で様々なものから刺激を受け発達している。それらの側面が絡み合いイメージや想像性を蓄積していくことで，次第にこれらの色がイメージに結びつき出し，自分なりの表現をするのである。

4 色とイメージの表現

今までの事例でもあげてきたように，子どもが自分のイメージと色を結び付け表現する力を養うためには，色という材料を描画活動だけで考えるのではなく造形遊びの面からも取り入れていくことが必要である。そして，子どもが触

色の選択を考えて塗る

色を塗る楽しさが筆の使い方の意識を高める

れる色はペンやパス，絵の具など描画材におけるものだけではなく，生活環境や自然環境といった中で触れる色も，子どもにとっては大切な色彩感覚を身に付ける場なのである。

ここでは，自然物を使った事例をあげてみることにする。子どもたちは自然の中で自分の興味・関心があるものを集めるのが大好きである。春はたんぽぽやダンゴ虫，秋にはどんぐりやまつぼっくり，色が変わったイチョウや紅葉の葉っぱなどは宝物のようにポケットにしまっているものである。

〈事例14：ケーキ作り〉

11月にお店屋さんを行った時の事例である。子どもたちはたくさんの自然物を集めケーキを作った。3歳児ではダンボール片の上に大小のどんぐりや小さな実を並べてケーキに見立てている。活動の中では，どんぐりの形や色の違いに興味があり，それらを並べる活動を繰り返し楽しんでいた。

どんぐりや赤い実，黄色い葉っぱなど自然物ならではの美しい色合いを感じる姿が多く見られた。

4歳児では，青虫をお客さんに招きケーキ作りをした。青虫が大好きな葉っぱをお皿にし，トイレットペーパー粘土をクリームに見立てそこに自然物をデコレーションしていく。しかし，ここでの活動は，自分のイメージするケーキを表現することに関して色合いを楽しんだり感じたりするというよりは，どんぐりや赤い実を果物に見立て1つだけケーキの真ん中に置いてみたり，葉っぱと小枝，木の実を組み合わせてウサギのケーキを作るというように，色よりも形にこだわり自分のイメージを表現する子どもの姿も多く見られた。

どんぐりのケーキ

4章 「表現」の保育   121

　このような姿は，子どもの描画活動などにおいて，色というよりも形への関心が高いといったことと同様のことが言えるのではないだろうか。

　次に5歳児での事例である。クリアファイルに果物の絵を描き，4歳児でも使っていたトイレットペーパー粘土に色をつけ「○○味のクリーム！」といって見立てることができている。自然物のデコレーションだけでは自分のイメージするケーキと異なるところがあるのか，違った材料を組み合わせ，自分がイメージするケーキを表現しようとする姿が見られた。

　最終的にお店に出す時には，銀のホイルの上に乗せ，自分たちのイメージに近づけようとこだわりを持って活動を楽しむ様子も見られた。

うさぎのケーキ

〈事例について〉

　この事例を見ると，やはり5歳児の表現しているケーキは大人がイメージする色と色合いに近いものであると考える。しかし，この活動は子どもが自分でその色を必要とし選び考えて使っている色であり，そのような表現する力を養うためには，やはり，様々な環境を通して色という造形要素に出会い遊ぶことで経験を積み重ね育まれていく力なのである。

　子どもにとって色という造形要素は与えられ遊ぶ造形要素ではなく，その美しさや不思議さを感じながら自分で使ってみたい，遊ん

粘土に色をつけて味を見立てる

でみたいという造形要素であり，それを使って自分のイメージするものを表現できる力が育まれるように，保育者は環境を構成することが大切なのである。

　また，色という材料を使って子どもが何を楽しみ，どのような表現をしようとしているのかを受け止めることが必要である。保育者はそれを見守りながら，共感していくことで子どもの色彩感覚を育み，色を使って表現する力を養っていくことにつながっていくのである。

8節　かく表現

1　子どもとかく表現

　子どもにとって描くという行為は，色や描画材を使って，自分の心のおもむくままに線を描いたり塗ったりすることを楽しんだり，思い浮かべたイメージを思いのままに形に表したりしながら，子どもが感じていることや考えていることを画面に表現することである。

　子どもは日常生活や保育の活動を通して，様々なことを感じて心を動かしている。その心の動きを表情や身振り，言葉を使いながら自分なりの表現をすることで自分の内面を表出したり伝えたりしているが，その中の1つの表現方法として描くという行為が存在する。つまり，描く行為は子どもが自分の感じていることや考えていることを表出したり表現したりすることができる機会でもあり，思いやイメージを子ども自身が形に表すことで確認したり他者に伝達する機会でもある。

　描くという行為の過程で現れる感情の動きやそれを表出することに心地よさを感じることは，表現する楽しさを味わう瞬間でもある。

かくことは思いを表現すること

また，表現することや表現したことを認めてくれる周囲の人的環境は，自分が「今，ここにいること」の意味を感じさせることにもつながり，子ども自身が自己の存在を感じるためにも大切なことだと言える。

　描く行為を単に作品として残す活動として捉えてしまうと子どもの育ちにも影響を与える。例えば，保育者が使用する描画材の順番や描くための手順，さらにはどういったものを描くのかという画面構成まで決定づけた上でかく活動や絵画活動を行うと，描画材をどう使うか，どのように使うか，どのような形に表したいのかという，本来であれば子どもたちが自分自身で考えるべき部分にまで保育者の考えが入り込んでしまいすぎることになり，子どもは思いのままに表現できなくなったり，場合によっては表現することに委縮してしまったりすることも考えられるからである。子どもにとっての描く行為の本来の意味を踏まえて題材を考え，活動の流れや保育者としてのかかわりに配慮していくことが重要である。

2　乳児とかく表現

　「かく」という明確な意識を持つよりも以前の段階である乳児期の子どもにとっては，まず描画材や環境設定に興味を持ってかかわる活動を楽しめるようにすることが大切である。年齢が進むとそれまでの経験から，例えば筆と絵の具を見るだけで描くための描画材だという理解の上で活動をすることができるが，それが乳児期の子どもにとって初めて出会う描画材であれば，まずは描画材そのものに大きな興味や関心を持つからである。

　描画材と触れ合ったり描画材とかかわりを持ったりする過程で，手に持った筆を動かし，それが触れ合った紙の上に絵の具の跡を残すことによって子どもの意識の中にも筆に対する興味よりも跡が残ることへの興味や関心が生まれてくる瞬間があり，それに気付き始めると繰り返し手を動かして跡を残すことを楽しむようになったりする。そういった活動を楽しみながら何度となく繰り返すことが「かく」という行為の芽生えになるのである。

　したがって，筆を使って絵の具で線を描くという活動であっても，最初から

かいた時の感触や感じを楽しむ

線を描いたり塗ったりしようという子どもの姿を前提にして保育を考えるのではなく，描画材に興味や関心を持って触れたりつかんだりしようとすることに興味を持つといった原初的なものとのかかわりを前提にして考えることが必要となってくる。

　子どもは跡が残ることに関心を持ち始めると意志を持って跡を残そうとし始める。手を思いきり伸ばして線を伸ばそうとしたり，何度も同じところを塗り込んだりしながら，描画材で描くことの気持ちよさや繰り返すことの楽しさ，自分が思ったままに身体を動かしたり手を動かしたりすることでそれに合わせた線や形が表れてくることの意味を自然に体得していく。

　描くことの行為性や楽しさを感じるようになるとその好奇心はさらに高まってくる。紙のような平面だけでなく，片面が波状になっているダンボールなどに描く時には，かき広げる楽しさだけでなく，凹凸による振動を手から感じることも楽しんだり，プラスチックのような光沢のある素材に描く時には，その滑らかなかき心地に身をゆだねながら描くなど，描く行為から感じることに加えて，描いている素材から手や身体が感じ取る感覚も味わったりするようになる。

　また，床や机に置いた場所に向かって下向きにかこうとする体勢で身体が感じることと，立って描くことで描く面と向かい合う体勢で感じることの違いによって，線の伸び具合や使用する場面の広さにも違いが見られたりする。このように描く行為による身体性にも目を向けることで子どもの育ちを見つめ直す機会にもなったりする。

　かく表現を支えるものの1つとして色や色合いは乳児期の子どもたちにとって大切な造形的要素である。絵の具のように描画材によっては色と色が混ざり

あうことによって色の変化が起こるものもある。子どもにとって色が次第に変化していくようすは色への興味を引き起こすことにもつながる。色の変化を楽しむことはさらに変化させたいという意欲を引き出し，色を加えてみたい，手を動かして色を変えていきたいといった気持ちを呼び起こすようにもなってくる。色や色合いに対しての意識が芽生えていない段階であっても，混ざり合う過程での色のきれいさや美しさを感じられるような色合いに配慮することは，色や色合いへの感覚を呼び起こす機会にもなる。

乳児期のこのような描く行為によって，描画材の特性や色，色合いへの興味や関心が広がるだけでなく，手の機能も次第に高まり，思い通りに線を描くことができるようになったり，思い描いているイメージを自分なりの形にかき表すことができるようになったりするなど，幼児期のかく表現へとつながっていく。

3 幼児とかく表現

幼児期のかく表現には線や形が未熟で素朴なものもあるが，そこには「かく」という子どもなりの意識が見られる。3歳児ではまだ個人差も多く見られるが，画面の大きさを把握しながら，どこに描くかという思いを持って活動するようになってくる。ただ，描きたいものを先に描いたり大きく描いたり，実際の位置関係と異なるなど幼児期の子どもらしい空間認識も見られる。

座って描く様子

立って描く様子

右の写真ではぶどうを最初に右下の位置に描いたためぶどうを採っている人物は左上に描かれており，実際の位置関係とは異なっている。実物の位置や大きさの比較よりも，何を描きたいかという子どもの思いを優先してかかわり方も考えていくことが大切である。

幼児期のかく表現の場合，保育活動においては導入によるきっかけや子ども自身が持っているイメージをもとにしてかき始めることも多い。したがって保育者が子どもたちの普段の遊びや生活，あるいは発達過程などを踏まえて題材を考えることが大切になってくる。子どもがその題材に対して，イメージがわきやすかったり持ちやすかったりすることでかきたいという気持ちを抱きやすくなるからである。そのためにも保育者は子どもの生活や育ちにも配慮して保育を考えなければならない。

「ぶどうがり」ぶどうが下に人物が上に

子どもが描くことに興味や意欲を持てるように，描きたくなるようなきっかけづくりとして画用紙の大きさや形に変化をつけることもある。右の写真は，八つ切り画用紙を半分に折りたたんだ状態で山型に切ることで家に見立てた画用紙に絵を描いている事例である。長方形の画用紙に家の中のようすを描くよりも家に見立てた形を利用することで子どものイメージする力を呼び起こしやすくなったりイメージを持続しやすくなったりする。

行事や季節に対する触れるかく活動では行事への関心度も高くなりイメージするものも

画用紙の形に変化をつける

増えてくる幼児期には多く行われる。右の写真はツリーの貼り絵をもとに周囲にクリスマスをイメージするものを描いている場面である。クリスマスの時期になると子どもを取り巻く生活環境にもクリスマスの概念を示すものが多くなり，子どもにとってもクリスマスという行事に関心を持つことも多くなる。子どもにとっても生活に密着している時期に描く

行事に関心を持って描く

ことでイメージしやすくなるためかきたいという気持ちを持ちやすくなる。

　幼児期の子どもの興味や関心は年齢の高まりとともに，さらに広がりを見せていく。それは描画材に対しても同様である。かく活動では絵の具やパスと画用紙という組み合わせを用いることも多いが，描くための描画材に変化をつけて，その特性にも興味を持ったり関心を深めたりする機会にもなる。下の写真は障子紙の上に墨汁で描いている事例である。墨汁で障子紙に描くと，かいた部分の周囲に墨汁が染み込み，画用紙に描く時とは異なるようすを楽しむことができる。初めて体験する子どもにとって墨汁が染み込んで広がっていく状態を予想していないことが多く，その特性から，描くという行為よりも広がり方を楽しんだり，墨汁の付け方を工夫したりするなど探索的な行為を行うことが多くなってくる。このように描画材の特性をきっかけにした題材はあらためて描画材に興味や関心を持つ機会にもなり，試行錯誤を繰り返す中でその特性を感じたり体験を通して身につけたりする機会にもなる。

　幼児期のかく表現は色や形を使って，自分なりの思いを自分なりに線を描いたり塗り込んだりす

描画材の特性にも目を向けて

128

るだけでなく，その中で多様な造形素材や描画材に触れて試行錯誤を繰り返し，工夫を重ねていこうとする意欲的な態度を育てる活動でもある。一人一人の子どもがその子らしく思いを色や形にのせて自分なりに自信を持って表現できる活動になるようにしていくことが重要である。

4　かく行為と保育者のかかわり

　子どもは本来，表現したいという欲求を常に持っている。それはかく表現活動においても同じである。描いたものや作品が表現だという狭い枠組みではなく，例えば，線を描く時の手から感じる気持ちよさや手を伸ばしたりする動きの楽しさであったり，感じたことやイメージしたことを形に表すことができた時の嬉しさだったりなど，子どもは描く過程で諸感覚を揺り動かしながら表情や行為・行動，時には身振りや手振りや言葉も使って様々に表現をしている。その表現する行為に対して，周囲の大人や子どもが共有したり共感したり認めたりすることによって表現する楽しさや充足感や自信を感じ，さらに表現したいという意欲やもっと工夫したいという前向きな姿勢を持つことができるようになるのである。したがって，保育者はかいたあとの作品としての仕上がりよりも，子どもが描く過程で何を感じ，何を考え，どのように伝えたがっているかというその子なりのメッセージを理解し，感じ取ろうとする姿勢を常に持ってかかわっていかなければならない。

　また，かく活動を支えるためには，どんな描画材を使用するのか，どの場所に置くのか，どれぐらいの量を準備するのか，取りにくる時の動線はどうするのかといった物的環境の設定にも配慮しなければならない。ねらいを踏まえ，教育的な配慮も組み込みながら物的環境を整えることは子ども自身の描画材を選びとる力や自分らしく表現するためにどんな材料が必要なのかということを考える力，また年齢によっては友達と共に楽しんだり協力し合ったりする力を身につけるなど，子どもらしい主体性を育てることにもつながる。かく表現においては，子どもなりの思いやイメージを色や形にのせて描く楽しさや自分なりの素材の使い方を見つけたり身につけたりする充実感を子ども自身が感じな

4章 「表現」の保育 　129

がら，自分らしい表現の仕方に満足感を持てるようなかかわり方を心がけることが大切である。

9節　イメージと表現

1　イメージと表現の学びについて

　造形表現の内容にかかわる活動の指導案に，「○○のイメージを膨らませて描く……」や「自分なりのイメージをもってつくる……」というねらいをしばしば見かける。イメージという言葉は表現活動ではよく使うが，イメージという言葉は何を指し示すのだろうか。

　この節では，子どものイメージと表現の関係を理解することを目標に，「イメージとは何か」では，造形表現（図画工作・美術教育）においてイメージとはどのように定義するかについて，「最初のイメージ」では乳幼児期の発達とイメージの関係，「イメージと表現の実際」では具体的な造形表現の事例を通じて乳幼児期のイメージの形成と表現の関連を，最後にイメージの観点から見た保育・教育の構想について述べる。

2　イメージとは何か

a　日常の中でのイメージという言葉

　イメージは日常の中でよく使われる言葉で，「赤い色のイメージ」や「○○さんのイメージ」のようにものや人のイメージという使い方をする。この場合は，色や人など対象の印象を表していることが多い。これは知覚に付随して知覚場面に働くフレームというべきものである。過去に蓄積された記憶とか漠然とした全体の印象，あるいは知覚場面を包む雰囲気，「このような感じ」などが日常で使われるイメージという言葉の意味である。イメージという語の意味は拡散傾向にあり，これ以外にも多様な使い方がなされている。

b　表現におけるイメージの意味

　表現におけるイメージにはどのような意味が付されているのだろうか。イメージはデジタル用語では「画像」を指すように，ラテン語のイマゴ imago に由来し，環境の中にある視覚的に捉えられたものの形（視覚的フォルム）を意味する。また，五感によってとらえられたもののメンタルイメージをも意味する。

　表現においてイメージをもつということは，データとして記憶された複数の視覚的なフォルムを関連付けることや，視覚的データをメンタルイメージとして描かれるフォルム（心像）と関連させて個人の新たな視覚的なフォルムを形成することである。

　日常ではイメージという言葉を「～の印象」のように使用することが多いが，造形表現では想像と同義に使うことが多く，活動を始められない場合や，活動プロセスで躓いた場合などに「～のイメージが沸かない」というように使う場合は，イメージは想像の意味をもって使用されている。

3　最初のイメージ

　子どもたちはどのようにしてイメージをもつのだろうか。それはいつ，どんな形で子どもたちの内部に育ち始めるのだろうか。イメージの発達とそれらが外部に現れる形＝表現について理解しておきたい。

a　最初のイメージ

　0歳の赤ちゃんにはイメージがあるのだろうか。生後6ヵ月未満の子どもが握っているおもちゃを，子どもの気を逸らせて無理にならないように手から外し，ちがうおもちゃを握らせても，何もなかったかのように喜んで振り始める姿が見える。6ヵ月過ぎた子どもにすり替えをしてみると，握らされたおもちゃを見て違うことがわかるとそれを投げ捨て，前のものを探そうとしたり要求したりする。ここから，赤ちゃんはおもちゃを視覚で確認し，その記憶像を保持していたと考えられる。この記憶像＝視覚的フォルムこそ，最初のイメージと言えるのである。

b　イメージの表出，ふり・つもり・ごっこ

12ヵ月ごろまではこの視覚的フォルム＝イメージは単体でデータとして蓄積されているが，視覚的フォルムだけでなく五感を通じて得た記憶もデータとしてファイルされ，やがて単体のデータを結びつけて，それらを再現するように行動す

〜を飲んでいるつもり

るようになる。空のコップをもって床にトントン打ち付けていたものが，飲み物を飲むように口に運ぶようになる。「〜を飲んでいるふり」「〜を飲んでいるつもり」の行為をしているのである。おもちゃのスプーンやフォークでお皿の上のケーキを食べるふりをしたりもする。これらはＪ．ピアジェ（1896〜1980）が重視した象徴機能の発生と関係し，単体のデータが関連付けられ系列化されたものになる。これは1歳前半のころで，探索活動が盛んになるのもこの時期である。

ごっこはひとりでするつもりの遊びとは異なり，参加者が同じイメージ，あるいは類似のイメージをもつことが前提条件となる。2歳児頃までの並行遊びの段階においては，場は共有しているがイメージの交流がない。仲間とのごっこは共同的なイメージの交換が多様になり，豊かな想像世界が広がる可能性をもっている。2歳前後のなぐりがきにおいて，見立て・意味づけが盛んになるのは，子どもがデータのファイルから引き出した視覚的フォルムを駆使して自分が描いたものにイメージを当てはめているからである。

L. S. ヴィゴツキー（1896〜1934）は幼児期の子どもの遊び，つもりや，〜になって遊ぶ姿に創造過程を見出すことができるという。想像とは蓄積した単体のイメージのデータを関連付けることであり，創造とは新しいイメージや行動を産出することである。想像力が創造の源泉になるとも述べている。

4 表現とイメージの関係——造形表現の事例から

子どもたちはどのような場面でイメージをもち,それらを蓄積していくのだろうか。また,蓄積したイメージを関連付けたものは,どのような行為・行動や表現として現れるのだろうか。造形表現を例として,行為・行動や表現の実際を見てみよう。

a もののイメージを蓄積する事例

0,1歳児の様々なものとの出会いを重視したいのは,一つ一つのものや場との出会いが,子どもがイメージのデータを蓄積していく機会になるからである。下記の写真は1歳過ぎの子どもの遊びである。左下の写真は床面のダンボールに貼ったテープをはがそうとしている。はがしたら保育者の顔が出てきたのである。次に壁面にも同じようなものを見つけて,テープをはがした。そこにも保育者の顔の写真があったので,指差ししている(写真右下)。

床に貼ったテープをはがす　　　　「あった」と指差しする

同じような仕掛けを見つけてテープをはがそうとする行為であるが,活動初期のころは偶然見つけたテープをはがしている様子であったが,やがてテープのある場所を見つけに行くようになる。さらに進化して保育者の顔写真があることを期待してテープをはがす。最後にはいくつかのデータを関連付けて,テープをはがすと保育者の顔があることを見通して,テープのある場を

探すようになる。

0～2歳児期は多様なものとの出会いをもつようにし、イメージのデータをできるだけ多く蓄積することが大切である。

b　つもり・ごっこの活動事例

つもりの遊びは蓄積したデータを関連付け系列化したものである。131頁に示したようなコップでジュースを飲んでいるつもりの活動や、身近なものや動植物になったつもりの活動などの再現的な遊びがある。事例にあげた3歳児のつもりの活動では、子どもたちが園庭で見つけたアリに興味を持ち、アリについてのデータを蓄積した。ある日アリになったつもりの活動が盛んになった再現的な活動例である（写真右〈上〉）。

3歳児の子どもたちにとってアリの特徴的なイメージは大きなおなかと触覚だった。モールで造ったアリの触覚を装着し、アリになった彼らは、アリのつもりで、アリがよく歩いている木の根っこの周囲や、木の幹に集まってアリの暮らしを再現している。イメージの共有は部分的で、まだひとり一人の世界で遊んでいる子どもが多く、共同的な遊びにはなっていない。

アリになったつもりで遊ぶ

ごっこ遊びは参加者が同じイメージ、あるいは類似のイメージをもつことが前提条件であることから、3歳未満児ではイメージの共有はむずかしく、ごっこの遊びは難しい。3歳以上児の自由遊びでは自然発生的なままごとなどで、お料理の分担をする姿（写真右〈下〉）や、園の子どもたちで楽しむお店ごっこなど

コーナーでのごっこ遊び

で，お店の商品を作ったり，レストランでシェフやお客さんになったりして遊ぶ姿が見られる。右の写真はお店ごっこの一環としてらっこ組のお寿司屋さん「らっこずし」でつくられたお寿司の一例である。

お店ごっこ「らっこずし」

c　想像する活動の事例（スイカ畑を描く・ロボットを造る）

　右の写真はスイカ畑を4歳児が描いた共同の絵である。スイカのお話しの絵本を基に絵の具でダイナミックに描いた活動である。地域に畑がある環境で，ほぼ全員がスイカ畑を知っていて，どの子どもにもイメージのデータがある。子どもたちは絵本と自分のイメージを関連付けてスイカ畑を描き，図のような表現になった。経験的なイメージと絵本のイメージの両方のイメージの共有が可能な活動となった。

30000個のスイカ

　「こんなロボットがあったらいいのにな」（写真右）は，5歳児が自販機やお掃除ロボットなど身近な環境にあるロボットについて話し合い，あったらいいなと思う機能を搭載した近未来型のロボットをつくった活動である。子どもたちがそれぞれもつイメージデータを出し合い，調整し，新たなイメージを形成し形にした造形表現である。

　子どもたちが新しいイメージを形成し，新しいフォルムを創造した活動である。

こんなロボットがあったらいいのにな

5　イメージや表現を豊かにする

　イメージや表現を豊かにするには，まず単体のイメージデータを蓄積すること，そのためにはできるだけ多くのものと出会う経験をすることである。蓄積したイメージデータを関係づけ系列化して形成したイメージは，発達の初期段階ではつもりやごっこに見出すことができる。蓄積したイメージデータは視覚的なフォルムのデータだけでなく，五感からのイメージも蓄えている。これらのイメージを加味して心的イメージをつくることが独自のイメージ形成へとつながるのである。

　日々の生活における多様な経験がイメージを蓄積し，蓄積したイメージを関係づけ，新たなイメージをつくることが豊かな表現へつながる。イメージを育てることが表現を豊かにする手立てである。

10節　動きによる表現

1　身体，動き，表現

　動きによる表現は，心の中に生じたものを，身体の動きとして表に現す営みである。そのため，動きによる表現を，保育の中では「身体表現」と称することが多い。しかし，「身体表現」と称することで，その中身がわかりにくくなるという面も見られる。その理由は2つある。

　乳幼児期の子どもは常に身体を動かしている。言葉が少ないために身体で伝える。身体で道具を使っている。「身体」は，そこにあるだけで何かを表現しているし，ほとんどの表現の媒体となっている。そのため，子どもは常に身体表現をしており，あえて身体表現という活動をしなくてもよいという曲解が生まれる。

　二つ目は，表現特性の違いである。音楽表現は，楽譜に残し何度でも再現できる。造形表現は，作品として残し何度も見て楽しむことができる。それに対

して，身体表現は，動きを残すことができないため，表したものは瞬時に消えてしまう。形にならないものは，その実態がつかめず，何を見たらよいのかがわかりにくい。保育者が「身体表現は苦手」とする理由のひとつでもある。

　以上のように，身体表現という言葉は，保育の中で，その内容が共通理解されにくい。そこで，本節では，身体による動きを媒体にした表現という意味で「動きによる表現」と称する。保育現場で行われている「動きによる表現」には，「音楽やリズムをもとにして動く活動」「イメージをもとにして動く活動」が認められる。「イメージをもとにして動く活動」は，「模倣をもとに表す活動」と「創造的に表す活動」に分けることができる。この2つの活動には明確な境界線があるわけではないが，動きによる表現は，動きとイメージの相互作用によって成り立つとされることから，前者は，模倣という運動からイメージを導き，後者は，イメージから動きを導くという活動のねらいによって分けられる。

2　音楽やリズムをもとにして動く活動

a　音楽やリズムをもとにして動く活動の意義

　音楽やリズムをもとにして動く活動は，リズムダンス，リズム体操などと呼ばれることもあり，遊び方によっては手遊びを含むこともある。その多くは，保育者が，音楽に振り付けられた動きを子どもに教えながら，子どもたちと一緒に「踊る」形式で行われることが多い。あるいは，その後，子どもが自由な遊びの中で，好きな曲を流して踊って楽しむこともある。この活動の意義を以下に示す。

(1) 音楽やリズムにのって身体を動かすことで心身が解放され快感情を得る。

(2) 他者とリズムを同期させることによって，「わたし」が「わたしたち」になり，他者と「一緒」という感覚を持つ。

(3) 音楽やリズムに合わせて踊ることによって，リズム感が高められ，身体部位の複合的な動きや，手足の細かな動きの修得が促進される。

(4) 音楽やリズムに合わせて動く経験の積み重ねによって，自己概念として

4章　「表現」の保育　137

表4-1　「踊る」動きにかかわる発達過程

2歳未満	・歩行が完成する以前でも，音に反応して身体を動かす。 ・大人のうたに合わせて，からだを動かしたり，リズムをとったりする。初期には足や脚による運動が多いが，次第に手や腕の運動が増える。
2歳頃	・音に反応するだけでなく，言葉やうたのリズムに合わせて動くことができる。 ・歩く，走るなどの基本的な運動ができるようになり，言葉に合わせて動作を制御（大きい，小さいなどの区別）することができはじめる。
3歳頃	・同じうたやリズムを繰り返すことを楽しむ。 ・両足ジャンプ，片足立ちなどができるようになり，自分の動きをコントロールすることができはじめる。
4歳頃	・全身のバランスをとる力や巧緻性が発達し，スキップや動作の強弱ができるようになる。 ・メロディーよりもリズムへの理解や対応が勝る。
5歳頃	・リズムの緩急のコントロールや異なる身体部位による複合的な動きが可能になる。 ・他者と一緒に踊る楽しみを感じられるようになる。
6歳頃	・滑らかで巧みな全身運動ができるようになる。 ・他者や映像の動きを見て覚え，動きにすることができる。

の「わたし」の身体意識が高まる。例えば，「頭，肩，膝，ポン」と歌いながら身体部位にふれたり，「右手を挙げ，前に一歩，両脚で2回跳ぶ」経験によって，身体部位，動きの言語，空間や数概念の理解や意識化が進む。

b　発達

「踊る」動きの発達には，運動機能の発達が関係する。幼児期は，神経系の急激な発達に伴い，調整力が発達し，運動をコントロールする力や巧緻性が獲得される時期である。**表4-1**では「踊る」動きにかかわる発達過程を示した。

c　内容と援助

事例15に見られるように，音楽やリズムをもとにして動く活動では，動きを同期させたり同調させたりすることが，子どもたちに双方向の楽しさや意欲を促進させる。

〈事例15：ぼくだって，私だって，踊ってるよ〉

運動会に向けて，5歳児が，日々，園庭で「世界はピーポー」（のりーぽ

んⅠ世作詞，渡部チェル作曲，ASACO唄）を踊っている。速いテンポの曲に合わせて緊張しつつも，少し得意顔で踊り出すと，3歳児は保育室前のテラスに飛び出し，飛び跳ねるようにして手足を動かす。

　ある日，3歳児の母親が園長先生に尋ねた。「3歳さんは，運動会，やらないんですよね」「そうですよ」「でも，うちの子，毎日，家で踊っています。毎日，園でやっているって言うんです。運動会の練習してるって言うんですよ」。（この園では，3歳児は，運動会には参加せず，別日に親子遊び会を催している。）

〈事例について〉

　運動会での5歳児は，3，4歳児のあこがれの的となる。そのため，難しい振り付けでも一生懸命覚えて，かっこよく踊ろうと頑張る。保育者も，それをねらいとした踊りを考えて子どもに向き合う。一方で，行事のためだけの非創造的で非表現的な活動になってはいないかという罪悪感も抱えてもいた。しかし，保育者達は，この3歳児の母親の話を聞いて安心した。もし5歳児が踊ることを楽しんでいなかったら，3歳児は5歳児のまねもしないであろうし，家で踊ることもなく，「練習している」とも言わないだろう。一方で，3歳児が自分たちのまねをして踊る姿が，5歳児の意欲を喚起させていることも容易に想像できた。

　音楽に動きを振り付ける際には，活動の意義を充分に踏まえ，どのようなねらいで，どのような子どもの姿を期待するのかを念頭に置き，歌詞のイメージに沿わせるのか，リズムの運動性に合わせるのかを考えることが求められる。動きのリズムは，運動の強弱長短のまとまりであり，音楽の音程にあたる要素がないことに留意したい。もちろん，既存の楽曲のCDなどでなく，保育者の弾き歌いなどで踊る活動があってもよいだろう。また，この活動での保育者は，子どもにとってのモデルになりたい。子どもたちにとって，保育者の動きを教わりまねる経験に終わらせないためには，動きの正確さや美しさを示すだ

けでなく，一緒に動く楽しさを子どもたちと共有する姿勢が大切である。

3　イメージをもとにして動く活動：模倣をもとに表す活動

a　模倣をもとに表す活動の意義

　模倣をもとに表す活動とは，保育者や他児の動きを模倣する動き遊びの段階と，具体的な題材の形態や動きを模倣する段階がある。具体的な題材の形態や動きを模倣する活動は，次節の「創造的に表す活動」に通じる活動である。模倣をもとに表す活動の意義は以下のようである。

(1) 保育者や他児の動きを模倣することによって，多様な動きを体験し，動きのレパートリーや動きの言語を増やすことができる。

(2) 他児と動きを模倣したり模倣されたりすることによって，他者を通した自己理解が促される。

(3) 対象の形態や動きをもとにイメージを湧かせ，ふさわしい動きを考えることによって，動きのとらえ方が多様になる。

b　発達

　模倣をもとに表すための発達には，象徴能力，自己意識と他者意識の発達が関係する（**表4−2**）。

表4−2　「模倣」にかかわる発達過程

1歳未満	・6ヵ月過ぎから，目前の動作をすぐに模倣できるようになる。（直接模倣，即時模倣）
2歳未満	・1歳半頃から，目前に手本がなくても，一度見たり聞いたりした経験を，イメージとして頭の中に入れ，しばらく時間を置いた後で，それを再現することができるようになる。（延滞模倣）
2歳頃	・大人の動きやテレビなどの映像の動きを模倣することを楽しむようになる。
3歳頃	・子ども同士で，動きを模倣し合うことを楽しむようになる。
4歳頃	・他者（児）に，自分の動きを模倣することを仕掛けるような行為が生まれ，模倣されることを意識するようになる。
5歳以降	・他者（児）の動きやイメージを，部分的に模倣することができるようになる。模倣する側，模倣される側も無意識な部分が少なくなる。

厚生労働省「保育所保育指針　解説書（平成20年3月改定），厚生労働省「保育所保育指針」（平成30年3月），鈴木裕子「幼児間の身体による模倣」風間書房2016より筆者が作成

c 内容と援助

子どもたちは，絵を描く時には，クレパスの使い方を，楽器を演奏する時には楽器の使い方を習う。とすれば，動きによる表現では，身体という素材の使い方や，動きという材料の多様さを知る経験が必要であろう。それらを習う手段として，動きによる表現では，模倣が有効な手段となる。

しかし，模倣は，好ましくない行為，創造の対極にある行為ととらえられることも多い。模倣は，不自由な行為とは限らない。目の前の課題が難しいと感じている子どもにとっては，「自由に」はかえって難しいという気持ちをもたせる。むしろ一定の枠組みがあった方が「自由に」なれることも多い。保育者側にも，「まねで終わらせたくない」「まねしないで自由に」と意気込みすぎて，過剰に，言葉だけで子どもを引っぱる援助となっている場面も見られる。

d 模倣を中心にして表す活動の事例

事例16,17に見られるように，動きによる表現の中で見られる模倣は，「動きのはじめのきっかけやタイミングを求める」「動きをなぞらえたり，やりとりをしたりして楽しむ」「自分の動きやイメージを意識する」「自分にないイメージや動きのアイディアを取り込む」などの働きをもっており，創造の一つの段階でもあり，他者とのかかわりを活発にする力をもっている。

〈事例16：からだ　4歳児〉

保育者の「背中はどこかな？」「首を回すよ」などの言葉に応じて，からだの部位をさわったり動かしたりする遊びを行った。ミキは保育者の言葉かけを聞くと，右となりに立つリカが自分の背中を触るように動き出したのを見て，リカの動きからワンテンポず

こんなこと，あんなことできるかな。
「頭にさわってみよう！」

らして，同じ身体部位を使って同じような動きをすることを繰り返した。

〈事例について〉

　ミキの動きがリサに動く勇気を与え，模倣が動きのはじめのきっかけやタイミングを与えている。その後には，動きをなぞらえたり，やりとりをしたりして楽しむ様子が見られる。

〈事例17　動物になってみよう4歳児〉

　「次はキリン，首をグイーンと曲げてるよ」と保育者が言葉をかける。ユタカは座ったまま首をゆっくり前に倒す。右前方のヒロキが，正面を向き，首を横に傾けて伸ばす。ユタカは同じように首を横に傾けてみる。右となりにいたショウコが立て膝になって右手を伸ばし，その腕に首を沿わせるように腰と背中を伸ばす。ユタカはショウコの様子を見て，同じように立て膝になり首を伸ばす。その後，ユタカは，床に頭をつけてお尻を持ち上げるようにして，片足を天井に突き上げて，「キリン（になったよ）！見て！」と言う。

〈事例について〉

　子どもたちは，キリンの首をイメージしてキリンの動きを模倣する。その後，子ども間でも動きを模倣し合う。そのなかで，ユタカは，自分にないイメージや動きのアイディアを取り込むように，ヒロキやショウコの動きを模倣する。その後には，ユタカは，自分の動きやイメージを意識し，独自のキリンになっている。

4　イメージをもとにして動く活動：創造的に表す活動

a　創造的に表す活動の意義

　創造的に表す活動とは，題材を多様なイメージでとらえ，そのイメージにふさわしい動きを工夫する活動である。この活動の意義は以下のようである。

142

表4−5　創造的に表す活動にかかわる発達過程

1歳未満	・大人にあやしてもらうことを喜んだり，人見知りをしたりするようになる。
2歳未満	・ものを実物に見立てることができるようになる。 ・言語的な刺激をもとに動くことができるようになる。 ・大人に自分の意志を伝えたいという欲求が高まる。
2歳頃	・感情の表現がストレートになる。 ・外界への興味や好奇心の範囲が広がり，探索活動が始まる。
3歳頃	・役柄そのものの表現と同化する（自分がお化けになった時は，怖いお化けになれるが，それ以外ではお化けを怖がる）ようになり，変身したり，なりきったりすることを楽しむことができる。
4歳頃	・ひと以外の生き物にも心があると捉え，空想力や想像力が豊かになる。 ・目的をもち試行錯誤しながら表すようになる。 ・様々な事象に対して，なぜ，どうしてと感じ，それらとのかかわりのなかで，自他の区別を感じる。
5歳頃	・言葉によって共通のイメージをもち，目的に向かって複数人でまとまって表現することができるようになる。
6歳頃	・思考力や認識力が高まり，様々な知識や経験を生かして何かを再現し，創意工夫することができる。 ・複雑な役割の分担ができるようになり，全体のなかの部分という認識が形成されはじめる。

厚生労働省「保育所保育指針　解説書（平成20年3月改定），厚生労働省「保育所保育指針」（平成
30年3月），鈴木裕子「幼児間の身体による模倣」風間書房2016より筆者が作成

(1) もの，ひと，ことに気付き，感じ，考えたことを伝え表現する経験が創造する意欲や力を育む。

(2) 他者の表現に気付き，違いを感じる経験が共感する姿勢や意欲を育む。

(3) 題材に対して，他者とイメージを共有させ，共創する姿勢や意欲を育む。

b　発達

創造的に表す活動の発達には，想像力と創造力の発達が関係する（**表4−5**）。

c　内容と援助

(1) 表現を成立させる「動き」の要素。

動きによる表現，特に創造的に表す活動での「動き」には，それを成立させ発展させる要素として「形（フォルム）」「時間性」「力性」「空間性」「関係性」がある。「形（フォルム）」とは，どの身体部位を使ってどのような型にな

るかという要素である。「時間性」は速い遅いや、規則的か不規則かなどの動きの速度、「力性」は強弱、重軽、緊張か弛緩かなどのどのように動くかという要素、「空間性」は方向、高さ、向きなどどこでどの向きで動くのかという要素である。「関係性」はひとやものとのかかわり方である。動きはこれらの要素が組み合わさり、表現として成立する。

創造的に表す活動：木が風に揺れる（5歳児）

　保育者にとっては、活動の中で、これらの要素を考えることが、表現の工夫や支援となる。たとえば「くるま」。腕を曲げて前傾姿勢で（形）、速く（時間性）、軽く（力性）、一直線に（空間性）、友達と並んで（関係性）走るとスポーツカー。それを曲線的（空間性）にすれば、カーブを勢いよく走るスポーツカー。「歩く」運動だけでも、これらの要素を少し変えれば多様な表現が生まれる。事例18に見られるように、オノマトペ（擬音語、擬態語）を使った言葉かけは、動きやイメージを引き出すために有効な刺激となることが多い。

〈事例：18『よりみちエレベーター』（徳間書店）に沿った動きによる表現」5歳児〉
　遊戯室の床に赤いビニールテープを貼っただけの架空のエレベーター空間。保育者の鈴の合図でエレベーターとされた場所に戻る場面、「扉が閉まっちゃうよ」と保育者が言うと、皆は大急ぎで一直線に走ってエレベーターへ走り込む。
　次の宇宙の階、数名の子どもたちは、エレベーターから出て歩き始める。保育者が、「宇宙は、暗ーいみたい、フワーフワー、フーワフーワ」と言葉かける。アヤコは立ち止まった後、両腕をひろげて上下に揺らしながら、膝をゆっくり高くあげて歩き始める。クミコは、腰を屈め両腕を前に出して、暗闇を探るようにゆっくり歩く。

次のおばけの階。ツヨシは遊戯室の真ん中で皆を見ながら座る。保育者が「目玉おばけ登場かな，みんな，この前（絵本を読んだ時）から考えていたものね」と言う。数名の子どもがツヨシの周りを取り囲み丸くなる。「大きな目玉だ」と保育者。別の子どもたちが別の場所で丸くなって座る。「先生，目玉焼きおばけだよ」「よく考えたね，どうやって動くのかな」と認め促す。子どもたちは，手をしっかり握り合い，高くなったり低くなったりと個々に姿勢を変化させた。保育者はその動きに合わせるように「ドロドローン，ドロドローン，グールグール」と言葉をかける。子どもたちは，手を握り合っているために動きが制限され，大きい子ども小さい子どもそれぞれがぎこちなさそうに動くが，それがいっそう不気味な感じを出していた。

次のハワイ（海）の階。子どもたちは，勢いよくエレベーターから飛び出し，それぞれが思い思いの海の生き物になって楽しんだ。）

〈事例について〉

空想の世界で，動きの要素を変化させることで，動きが多様になり，徐々に子どもたち間でのイメージが共有され，子どもたちは，自分の経験を再現したり再構成したりしながら，自分なりの表現を生み出す。また，この時期の子どもは，空想世界と現実世界の境が曖昧で，両世界をいったりきたりするかのように考えをめぐらすため，なりきって動くことを楽しむことができる。その楽しさや意欲は，共感する相手がいることでさらに促進される。

創造的に表す活動には，「正しい答え」がないため，子どもたちにとっては決して難しい活動ではなく，自然な自己表現ができる楽しい活動である。そのために保育者は，子どもの表現を，子ども間の相対的な「差」ととらえずに，「違い」ととらえることが必要となる。事例18の目玉焼きおばけに見られるように，動きによる表現は，個々に異なる「身体」を素材としているため，そもそも「違い」から始まっている。保育者は，みんな違っているからこそ素敵で豊かな表

4章 「表現」の保育　　145

現になるととらえ，一人一人の内面に寄り添い共感する姿勢でのぞみたい。

11節　演じる　ごっこ遊び・劇遊び

はじめに

　保育の場で「劇遊び」について考える時，多くの保育者は，絵本など既存の物語を子どもに合わせて用意した台本や，既成の台本を使った劇づくりを思い浮かべるのではないだろうか。しかし日常の保育の中で見られる子どもたちの何気ない行動や言葉の中にこそ，劇的（ドラマティック）な要素，劇的な感動の可能性は溢れている。この節では，1年の保育を通して行われる「お散歩」という日常の出来事を丁寧に観察し，その中のエピソードを「ごっこ遊び」として再構成することを通して「劇遊び」と発展させ，発表会という舞台にのせていくプロセスについて，異年齢クラス（年少児9人・年中児8人・年長児7人・計24人）の保育記録（星野千絵・南元子，2015）を辿りながら考える。

　日常の保育の中に演劇的な要素を見いだして劇を作り上げることは，保育者はもとより子どもたち一人一人が，日々の生活（保育）の一瞬一瞬をかけがえのないものとして見直す契機にもなり，また劇の発表会を普段の保育の一環として取り入れることを可能にしてくれる。保護者に見せる（魅せる）ための特別なイベントを作ることが劇活動の目的ではないことを理解するため，ある保育者の1年間の実践記録を4期に分けて辿りながら，「散歩」という日常が劇活動につながる事例について考えてみよう。

1　Ⅰ期：子どもたちが出会う場としての散歩

　4月は，子どもにとって新しい世界・新しい人との出会いの時である。特に異年齢の子どもから成るクラスでは，子どもたちの発達も様々で，不安の高い子どもの中には登園すると泣いてしまう子や，保育室から飛び出してしまう子，コミュニケーションをとるのが苦手な子どもも多くいる。

子どもたちの意識を，新しく始まったクラスに向けさせるにはどうしたらよいのか？ 保育者は，毎日保育園の近くに散歩に出かけることにした。保育者は，子どもたち一人一人が何に興味を持ち，どんなことが好きで嫌いなのかを，散歩をしながら注意深く観察し，子どもの気持ちが表れた時には，

小さな空間

できるだけ気持ちに寄り添い共感することを心がけていた。4月末のある日，いつものようにピクニックシートを用意して保育園の隣にある公園へ出かけると，子どもたちはシートに座ってそれぞれ自由気ままに，寝転んだり，水筒のお茶を飲んだり，ままごとを始めたり，押し花を作ったりして遊ぶようになっていた。これを見た保育者は，クラスに一体感が芽生えてきたことを実感できたようだ。ピクニックシートという「みんなで共有する小さな空間」で，クラス全員が居心地の良さを感じ，楽しさや安心感を共有することができたからだ。そしてこのクラスでの一体感こそが，これから始まる劇遊びへの重要な基礎となっていく。

2　Ⅱ期：保育園の内と外——2つの空間を意識する

　子どもにとって散歩に出かける先は，初めのころは保育室という日常から離れる未知の世界であり「非日常」であったかもしれないが，散歩が生活の中に定着するようになると，子どもたちは園外での経験を保育室に積極的に持ち込むようになっていった。例えば，タケノコの皮を取って来て保育室で籠を作ったり，公園で梅の実を集めて梅ジュースを作ったりするなど，保育園内の場と散歩の行き先とが，日常としてつながるようになっていったのだ。夏が近づくと，散歩も川遊びへと移り，子どもたちはザリガニ釣りに夢中になり，そこで手に入れたものや経験が，当たり前のように保育の場に持ち込まれるようになっていった。

　様々な経験ができる散歩では，子どもたちの興味関心を引き出すこともあれ

ば，保育者が子どもたち一人一人の強みを発見することもできる。例えば，川でとってきたザリガニを保育室で世話するようになった時には，普段はおとなしいヒヨリが生き物の世話をするリーダーとして力を発揮するようになり，ヒヨリを中心として，テラスに「水族館」を作ることになった。その

水族館

後は散歩に行くたびに，フナ・おたまじゃくし・なまず等を捕獲してきて「水族館」を充実させるとともに，クラスでは図鑑を調べるなど，生き物への関心が知識へとつながっていった。

　保育園の外から保育室の中へ，そしてまた外へ。保育の内と外の2つの空間で起こるイベントに，子どもたちはつながりを創り出そうとするようになり，2つの空間での経験が循環するようになっていったのだ。

3　Ⅲ期：散歩と遊びから，ごっこ遊びに発展するまで

　10月の終わり頃には散歩で移動する距離は大幅に伸び，学区内にある350メートルの山登りに出かけるほどになっていた。普段のお散歩保育の延長にあるこの「山登りの体験」が，クラス全体を巻き込んでのごっこ遊び・劇遊び・劇づくりへと展開することになる。体力のある年長児が，年少児を励まし助けながら，力を合わせて山の頂上にたどり着くと，子どもの中から誰ともなく「ヤッホー！」という叫び声が出るようになっていた。みんなの嬉

山の上でヤッホー

しい気持ちが自然に声になり，それをクラスのみんなが当たり前のように共有できるようになった瞬間である。

　同じころ保育室では，ひとつの「ごっこ遊び」が始まろうとしていた。年少男児がほうきをギターに見立てて，歌手のように「じゃじゃーん。ドラえもん」とパフォーマンスを始めたのである。それを見ていた年長児が「かわいい」と反応し，さらに年少児はそれに応えるようにギターのパフォーマンスを続ける。こうして，年少児がほうきをギターに見立てて演奏をし，年中・年長児が応援して観客になるごっこ遊び「ステージ遊び」が始まった。これを見て「面白い。この遊びをさらに発展させたい」と感じた保育者は，その後2ヵ月をかけて，このステージ遊びと山登り体験を融合させた劇遊びへと，保育を展開させていくことになる。

　保育者はまず，このステージ遊びに音楽を流し，子どもたちが楽しんでいる「ステージ遊び」を「バンド遊び」へと発展させ，子どもたちと一緒にギターなどの楽器をいくつかダンボールで製作してみた。「バンド遊び」はさらに発展し，ギター・ドラム・メガホン隊・ダンサー・キーボードとメンバーが増えていき，ほかの子どもたちは登山者として観客になるという，おおまかな物語の枠が自然と出来ていく。子どもたちは自分の好きな役を選び，時にギタリスト，時には観客者になりながら，何度もバンド遊びを繰り返すようになった。

　11月中旬には，くま組というクラス名をもじって「ビッグ・ベアー・ビート」というバンド名をつけて，他のクラスの友達を遊戯室に招待してライブを行うようになった。バンド遊びはこれまで以上に盛り上がり，初ライブではアンコールまで受けて，子どもたちは人前で演じる楽しさを味わうようになった。

バンド遊び

4 Ⅳ期：ごっこ遊びから，劇遊び・劇づくりへ

　次第に本格的になってきた「バンド遊び」を楽しみながら，12月に学芸会があるので，これを「劇遊び」として形にするために，役を決めて劇という枠組みを作ることにした。しかしここでいくつかの問題が起こるようになる。

　ごっこ遊びの時は大丈夫だったのだが，劇遊びという枠ができた途端に，子どもの中には自分で選んだ役であるにもかかわらず，毎日やりたい役が変わるため，「ドラムがやりたい」「ギターを取られた」と泣き，パニックを起こしてしまう子がでてきて，劇が進まなくなってしまうことが起きるようになったのだ。

　保育者は，劇のストーリーも理解できている子どもたちが，何につまずき，なぜパニックを起こしているのか考えた。そして保育者が考え出した仮定は，子どもたちは「役を演じる」ことの意味が分からないのではないか，ということだった。その時の気分や状況で色々な役を演じることができる「ごっこ遊び」に対して，つねに「特定の役柄を演じなくてはいけないという制約」が，遊びのある要素を変質させていたのである。ここに「ごっこ遊び」と「劇作り」の大きな違いがあるのだが，劇を完成するには，すべての子どもたちに「それぞれが自分の役を演じる」という前提を理解してもらう必要がある。ではどうすれば良いのだろうか。

　子どもが演じる役を固定するためには，常に「その役をやりたい」と思える環境を作り，その気持ちを本人はもちろんクラス全体で共有して，「その役を演じること」の面白さや魅力を常に確認できるようにすればよいのではないか。そこで保育者は，自分の役を，友達にも自分にも意識できるように，視覚に訴えられるポスターを作ることにした。一人ずつ衣装を着て楽器を持ち，かっこいいポーズをとって写真を撮ってポスターにして，保育室に貼った（写真〈150頁〉）。

　そして劇遊びをする前に，ポスターを見ながら子どもたちと次のような対話をして，子どもが物語の中の自分を確認するように働きかけた。

リュウは，ポスターの中の自分を見つけて，とにかく嬉しい。

リュウ「リュウ君（自分のこと），ここに居るよ」

保育者「リュウ君は，何をするのかな？」

リュウ「メガホン隊だよ」

保育者「かっこいいねぇ。ちょっと同じ格好をしてみて」

リュウ「うん」

保育者「リュウ君，かっこいいね。楽しみだなぁ。友達のモモちゃんは，何をやるのかな？」

リュウ「モモちゃんは，太鼓」

保育者「リュウ君のメガホンとモモちゃんの太鼓は，違う役なんだね」

ポスターを見ながら対話を続けることで，リュウは自分の役や友達の役について理解できるようになっていき，それぞれの役割や違い，さらには自分の役を演じることの意義を感じることで，自分の役に親しみが湧き，劇遊びも楽しめるようになっていった。言い換えれば，自分の演じる役は必ずしも自分とは同じでない虚構であり，劇中においては固定された役を演じることが他の子どもたちとの共同作業の1つであるという「劇の約束」を認識できるようになったのだった。

劇遊びや劇づくりの過程で案外忘れられてしまうことの1つが，劇とは「虚構を演じる・生きる」という基本的なルールではないだろうか。劇活動は，「自分以外の誰か」の仮面を被る事を通して，自分を表出できる機会を子どもたちに与えるものである。普段の自分では言えない事を，劇遊びの中では言えるという事も，演劇行為が本質的に自分とは別の虚

ポスター

構を生きる場を提供するからである。しかし子どもにとっては、虚構と現実との区別は必ずしも明瞭でない。劇を作る時、それが自分たちの日常から大きく離れた世界であるならば、子どもたちは「役を演じる」あるいは「他の人間になる」ことは理解しやすいかもしれない。しかし今回の劇のように「お散歩」と「ごっこ遊び」という日常の出来事を演劇化する場合、日常と非日常の境目は、あいまいにならざるを得ない。子どもたちがパニックを起こして泣いてしまう「納得のいかなさ」は、演じるという劇行為の根本に対する、素直な反応と言えるかもしれない。

　さて学芸会をまぢかに控えた11月末、クラスは再び山へ散歩に出かけた。子どもたちは実際の劇のセリフを言い合いながら散歩をし、劇のセリフが虚構であると同時にそれが現実の行動や感情と結びついていることを、実感しているようであった。

　今回のように保育の日常を舞台にのせることのメリットは、子どもたちが日常の思いや感情を劇の中で確認できることであり、また劇中の感情を、保育の生活の中で再度感じることができることだろう。そしてこの劇の目的は、完結した物語の提示ではなく、一見まとまりが無いとさえ言える日常を切り取って見せ、子どもたちの日常の感情を、観客である保護者にも共有してもらうことにある。そこで保育者は、子どもたちの取り組みをクラス便りに書いて、本番の舞台では子どもたちの呼びかける「ヤッホー」に対して、保護者からこだまを返してほしいことをお願いした。日常の再現が、単なる再現でなく、保護者をも巻き込んで感情を共有する場へと広げるための仕掛けで

会場が一体となった本番

ある。

　本番の劇が終わり，3回目の山散歩へ出かけると，子どもたちは山へ入った
とたんに劇中のセリフを次々と口にした。ぴったりのセリフを見つけては，セ
リフを使って会話を楽しむ子どもたちの姿も見られた。子どもたちは，言葉と
感情の組み合わせを楽しみ，また感情を表現する言葉で遊びながら，気持ちと
言葉との関係を再確認し，一層の一体感を感じることができたのだった。感情
を言語化するということは大人でも非常に難しいことではあるが，劇遊びを通
して，自分の気持ちに合った言葉を見つける，また言葉にあった気持ちを身体
的にも表現できるようになってきたと言えるだろう。

　劇遊びや劇づくりは，1つの保育イベントとして自己完結してしまうことが
多いが，ごっこ遊び・劇遊びから始まったものを，劇づくりのプロセスを経て
発表会で終わらせてしまう必要は必ずしもない。時間的に長いスパンで考える
保育の中で見られる子どもの様々な成長の一面が，ごっこ遊びから劇遊びへの
発展の過程ではっきりと見えるようになったのであり，保育の日常と劇の発表
会が途切れなく連続することが可能になった。

おわりに

　アリストテレスは『詩学』の中で，演劇を「始めと中間と終わりを持つ」も
のとして定義している。しかしここで紹介した劇は，子どもたちの日常の再現
であり，日常そのものである。そこには明確な「始まり」と「終わり」の区別
がある完結した物語はない。保育者が「始まり」も「終わり」もない日常の連
続の中に，子どもたちの劇的な感情の表出を見て取り，それに便宜的に「始ま
り」と「終わり」を設定して劇という仕掛けを作ったのだ。このように日常を
切り取ることで，「今・ここ」にいる一人一人の子どもの成長の過程の一瞬を
保護者と共有したのである。劇活動が子どもの成長を促すプロセスになっただ
けでなく，保護者が子どもの成長を実感できる瞬間がここに立ち現れたとも言
えるだろう。劇発表会が，既存の物語を基にした舞台で，子どもが上手に「セ
リフを覚え」たり，「歌ったり」「踊ったり」する様子を保護者に見せる場であ

ることが当然であると思われがちであるが，実際に幼児の劇遊びにとって大切
なことは，日常の中に演劇的な可能性を見出し，それをきっかけに表現活動に
つなげることである。子どものための劇遊びの可能性は，ここで述べたような
日常のドラマ化にあると言ってよいだろう。ここでは劇遊びが，子どもたちの
表現力を高めるとともに，一人一人が自分の感情を，他者に伝える言葉を獲得
する場としての演劇が成り立っている。そしてこの経験が，その後の子どもた
ちの感情の表現の在り方を一層豊かにすることは間違いない。

演習課題4

① 1節〜11節に書かれていることを参考に表現の保育の案を立ててみま
しょう。

②「表現」の保育で大切にしたいことはどんなことでしょう。皆で話し
合ってみましょう。

③ 子どものイメージを育てる手立てとして，保育者は何をすればよいか
考え，具体例を挙げてみましょう。

④ 行為自体を楽しみ，色々な操作も楽しめる活動にはどのような造形活
動があるかを考えてみましょう。

　　考えるヒント：

　　・年齢に合ったねらいを考える。

　　・行為そのものが楽しい，主となる活動を考える。

　　・材料の組み合わせを考える。

　　・環境の作り方を考える。

引用・参考文献

〈1節〉

鞍掛昭二・小桜秀爾・廣中宏雄・山田輝子・若林延昌　音楽の基礎──音楽理解は

じめの一歩　音楽之友社　1997

鈴木淳一・小林武夫　耳化学——難聴に挑む　中央公論新社　2003

東条敏・平田圭二　音楽・数学・言語——情報科学が拓く音楽の地平　近代科学社　2017

中村明一　倍音——音・ことば・身体の文化誌　春秋社　2010

日本学校音楽教育実践学会編　音楽教育実践学事典　音楽之友社　2017

山口真美　発達障害の素顔 脳の発達と視覚形成からのアプローチ　講談社　2016

渡邉貴樹・上阪直史・狩野方伸　生後発達期の小脳におけるシナプス刈り込みのメカニズム　公益社団法人日本生化学会　2016

〈2節〉

タウト, M. 著　三好恒明ら訳　リズム，音楽，脳——神経学的音楽療法の科学的根拠と臨床応用　協同医書出版社　2006

Povel, D-J. & Essens, P. (1985). Perception of Temporal Patterns. Music Perception, vol.2, no.4. pp.411-440.

正高信男　子どもはことばをからだで覚える——メロディから意味の世界へ　中央公論新社　2001

モーク, H.著　石井信生訳　就学前の子どもの音楽体験　大学教育出版　2002

〈3節〉

Takasu, H., & Manes, S. I. (2017). From Japan to Jersey City: Five and six-year old children's voice on the appealing nature of musicking in two different cultual contexts. Asia Pacific Symposium of Music Education of Research, Conference Proceeding, pp.1-8.

長尾智絵 (2015)「一宮道子著『おとあそび』掲載の「ふしぎなちゅうしゃ」の創造性——昭和39年『幼稚園教育要領』に記載された「創造性」との関わりから」日本女子大学大学院紀要. 家政学研究科・人間生活学研究科　第21号 pp.1-7.

Whiteman, P., & Campbell, P. S. (2012). Picture it! Young children conceptualizing music. In C. H. Lum & P. Whiteman (Eds.), Musical childhoods of Asia and the Pacific (pp. 161-189). Charlotte, NC: Information Age.

Marsh, K. (2008). The Musical Playground: Global Tradition and Change in Children's Song and Game, London: Oxford University Press.

吉永早苗　子どもの音感受の世界——心の耳を育む音感受教育による保育内容「表現」の探求　萌文書林　2016

Lum, C. H., & Whiteman, P. (2012). Children and childhoods. In C. H. Lum & P. Whiteman (Eds.), Musical childhoods of Asia and the Pacific (pp. 1-10). Charlotte, NC: Information Age.

〈4節〉

今川恭子　表現を育む保育環境——音を介した表現の芽ばえの地図　保育学研究, 44 (2)　2006

チョクシー, L.ら著　板野和彦訳　音楽教育メソードの比較　全音出版社　1994

細田淳子　イメージを広げる楽器遊び　全国大学音楽教育学会研究紀要 (28)　2017

宮﨑幸次　カール・オルフの音楽教育　スタイルノート　2013

〈9節〉

ヴィゴツキー, L. S. 著　広瀬信夫訳　子どもの想像力と創造　新読書社　2002

Vecchi, V. & Giudici, C. (2008). CHILDREN, ART, ARTIST: The expressive languages of children, The artistic language of Alberto Burri. Reggio Children.

Edwards, C., Gandini, L. & Forman, G. (2006). The Hundred Languages of Children.Praeger Pub Text.

エリオット, W. アイスナー著　仲瀬律久他訳　美術教育と子どもの知的発達　黎明書房　1986

大場牧夫　表現原論　萌文書林　1996

佐藤 学監修　驚くべき学びの世界　ACCESS　2011

高橋たまき　想像と現実　ブレーン出版　1989

トーマス, グリン, V., シルク, アンジェル, M. J. 著　中川作一監訳　子どもの描画心理学　法政大学出版局　1996

中沢和子　イメージの誕生　日本放送協会　1979

ナンシー, R. S. 著　上野浩道訳　子どもの絵の美学　勁草書房　1996

〈11節〉

星野千絵・南元子　日本保育学会　第68回大会『日常に潜むドラマで遊ぶ──「お散歩」を舞台にのせるまで』　2015

5章
園行事と「表現」

　行事とは一定の時期に目的をもって行う催しのことをいう。園生活の中には様々な行事があり、分類すると、園行事、伝承的行事、社会的行事、宗教的行事の4つに分けることができる。

　(1) 園行事とは、入園式、卒園式といった節目、始業式や終業式などの区切りを喜んだり祝ったりする儀式と、運動会、生活発表会など、子どもの姿や成長を確認したり喜び合ったりする行事をいう。

　(2) 伝承的行事には、節分や、ひなまつり、子どもの日、七夕などがある。日本の伝承行事には、家族の健康や成長、幸せを祈る願いが込められている。昨今、各家庭や地域で伝承されてきたことが失われつつある中、園が子どもや保護者に日本の良さや伝承文化を伝えていく役割を担っている。

　(3) 社会的行事とは地域の祭りに参加したり、敬老の日の集いなどを通して地域の方々と交流を図ったりする行事をいう。

　(4) 宗教的行事とは、一部の私立の園で行われている宗教教育における行事をいう。

　行事が日常生活の自然の流れの中で生活に潤いや変化を与え、子どもが主体的に楽しく活動できるように教育的価値を検討し、長期計画に位置づけたい。

1節　春（3, 4, 5月）

　春は、次へのステージに進むための節目であり、新たな生活や環境に切り替

わる季節でもある。行事を通して，保護者と一緒に子どもの成長を喜んだり，祝ったりしたい。

　子どもたちは新たな環境の中，意欲的に園生活を進めようとする姿が見られる一方，環境の変化で不安定な様子も見られる。春は，特にちょっとした子どもの言動も気持ちの表出として受け止め，丁寧にかかわっていく必要がある。

1　季節の節目で行われる園行事

〈事例1：歓迎会を計画して開く　年長4月〉

(1) 新入園児歓迎会をしよう

　年長児の担任が「年少さんの中で，泣いて登園して来たり先生に抱っこされたりしている子もいるね」「みんなも入って来た時はそうだったね」などと，年少児の様子に関心をもたせたり，年長児として何か役に立てることはないか投げかけたりしたことから，新入園児を歓迎する会を開くことになった。

　「年少さん，よろこんでくれるといいね」歓迎会に意欲を示す言葉や，「ないてる子がいたら，声をかけてあげよう」「いっしょにあそんであげる」など，年少児を思いやる言葉が聞かれる。

　ゲンキが昨年の新入園児歓迎会を思い出し，「年中の時は，体操やったよね」と言うと「うん。エビカニクスやった」と，ダイチが同調。「ペンダント作ってプレゼントしたよね」「年長さんは，ぎゅうにゅうパックでオモチャつくってたよ」ケイスケは年長児の作ったものを覚えていた。憧れの気持ちで見ていたのだろう。

　「ぼくたちもプレゼントあげたい」「体操をみんなに見せて，おしえてあげるのは？」「歌をいっしょにうたうのは？」と，次々にアイディアが浮ぶ。友達の話を聞いていたアラタも「はじまる時は，はくしゅしよう」と，提案。年長児の中に，歓迎会への意欲や期待が膨らみ，年少児に何かしてあげようという思いが湧いてきているのが伝わってきた。

保育者は子どもから出たアイディアを「年少さん，きっと喜んでくれるよ」「楽しくなってきたね」と同調したり，認めたりして応えていった。

(2) 指人形を作ってプレゼントしよう！

「遊べるのがいいと思う」「男の子でも女の子でもあそべるのがいい」などの話し合いから，プレゼントはカンナが提案した「ゆびにんぎょう」を作ることに決まった。

保育者は，子どもたちが様々な材料に触れたり選んだりしながら，作ることを楽しんで欲しいと考え，ケント紙や色紙等の紙類や，フェルトペンや色鉛筆等の筆記具，テープやシール等を用意した。

(3) 感じたことや考えたことを自分なりに表現する

翌朝，子どもたちは早速保育者が用意しておいたケント紙から好きな色を選び，「これって，指はいるかな」「ちょっとおおきいかな」「自分の指入れてみたら」と，互いに感じたことを言葉に表しながら進めていた。

サキは三匹のこぶたの指人形を作ると決めていた。サキは5本の指をそれぞれ，色を替え，「この指はオオカミだから，茶色にしたの」と自分のイメージしたことを言葉にしたり，自分の指に紙を巻いて確かめたりしながら作っていた。イメージしたことが形になっていくことが嬉しいのだろう。活動に夢中になることを楽しんでいる。出来上がると早速指にはめ「みて，みて」と，みんなのところに見せに行く。嬉しいと誰かに見せたくなる，伝えたくなるものだ。友達から「サキちゃん，いいのができたね」と認めてもらい，嬉しさや満足気な様子が表情から伺える。保育者も「わぁ！素敵なのができたね。年少さんきっと喜んでくれるね」とほめたり，一緒に完成を喜んだりした。

(4) ぼくたちが作ったプレゼント，喜んでくれるかな……

一生懸命考えたり工夫したりして作ったものには愛着が湧き，大切に扱いたい，喜んでもらいたい気持ちが高まる。「どうやってわたす？」「袋に入れた方がいい」「中が見えた方がいいと思う」などの声があがってきた。

指人形には，作った子どもたちの思いが込められている。保育者は子ど

もたちの思いに応えるように，ラッピングに使う透明な袋（大・小）や，結ぶ時に使う赤・水・桃色などのリボン，麻ヒモ，モールなどを子どもたちが選択して使えるように用意し，自由に使ったり飾ったりできるようにした。

指人形

(5) 今から新入園児歓迎会，はじまるよ

年長児が担当の年少児を保育室まで迎えに行き，リズム室へ誘う。年少児の歓迎会への期待や不安，緊張感など様々な思いが予測できたが，年長児が手を握った感触や温もりが，安心感や心強さになって伝わった。

リズム室からは，「♪チューリップ」「♪ちょうちょ」の曲がBGMになって聞こえてきた。曲に合わせて年中児が拍手で迎える。新入園児を迎える温かな雰囲気がこれから楽しいことが始まることを予感させた。

歓迎会を知らせるポスター
（年長児作成）

〈事例について〉

歓迎会は，入園してきたばかりで不安な新入園児たちが，「嬉しい」「楽しい」と感じられた時間になったのではないか。進級したての年長児は，会を催すことを目標に，友達と一緒に相談したり作ったりする流れの中で，相手を思いやる気持ちや年長の自覚を育てた。年中児は年長児が準備している様子を憧れの眼差しで見たり，自分たちも何かできないか相談したりしながら歌や手遊びの練習をした。異年齢での交流を通し，互いの育ち合いや，一人一人の成長につながる行事になった。

保育者は子どもたちが，行事に主体的にかかわり，友達と伝え合ったり，感

じたことや思ったことを自分なりに表現しようとしたりする意欲を受け止め，様々な材料に触れたり，選択したり，いつでもやりたい時にすぐ手に取り使えるような保育環境を整えた。

また，年少児が入室する際，保育者は子どもらに聞き覚えのある曲を選び，ＢＧＭで流すようにした。音楽は気持ちを和ませたり弾ませたりする。聞き覚えのある曲は子どもたちに安心感を与え，自己表現を活発にさせる。決して音楽が主役ではないが，子どもの心を前向きにさせたり楽しくさせたりする役目を果たしている。

2 定期的に行われる園行事

〈事例２：誕生会を計画して開く〉

 (1) たんじょうびおめでとう！

誕生日会はその月に生まれた園児を祝う行事。

４月生まれのトシキは，朝から誕生日会が始まるのが待ち遠しい。担任のアツ子先生やそばにいたセイタに「今日はトシキくんの誕生日会だね」「一つ大きくなったね」と声をかけられ照れくさそうに笑みを浮かべた。保育室でもみんなから「おめでとう」と声をかけられ，「大きくなったら何になりたい」「好きな食べ物はなに？」と質問が集中した。注目される嬉しさや，心地良さが表情から感じられた。

いよいよ 10 時から，リズム室での誕生日会が始まる。

保育者は前もって，舞台に３段式に並べた長椅子に赤いカバーを被せたり，誕生日会用のタペストリーを吊り下げ，特別な日をもてなす雰囲気を作っておいた。誰の目にもいつもと違う特別感が伝わってくる。

一人ずつ名前を呼ばれ，壇上の特別な椅子に座った。トシキは５歳になったので２段目。保育者から誕生日の冠と，誕生カードを首からかけてもらった。

壇上に並んだ誕生児に向かって，「♪ハッピバースデートゥーユー，ハッピバースデートゥーユー」と歌を歌ったり，「たんじょうび，おめでとう

ございます」と，言葉をかけたりして大きくなったことをみんなで祝った。

　誕生児にとっては特別な日，祝う側は早く自分の誕生日が来ないものかと，待ち遠しく感じたに違いない。誕生会が終わり，保育室に戻るとそれまで緊張気味で硬くなっていたトシキの表情もどこかホッとした，柔らかさが感じられた。

　給食は，誕生日会メニューのカレーである。準備をするトシキから，「♪ハッピバースデートゥーユー……」と口ずさむ声が聞こえてきた。

〈事例について〉

　年度当初の年間行事の打ち合わせで，1年間の担当者や催しを考える。年の前半は人形劇や職員劇，得意の楽器演奏などを保育者が子どもに披露する形が多いが，後半は子どもが主体となり，のど自慢大会や異年齢での遊び，年長が企画するお楽しみなども計画の中に入ってくる。誕生日会は誕生児が1つ大きくなったことを喜び，みんなで心から祝う，年に一度の特別な日。保育者は「おめでとう」の気持ちをリズム室の環境をいつもと違うように飾り付けをして表した。誕生日を祝う歌も，自分に向けてみんなが歌ってくれると思うと，特別な意味のある歌になり聞こえ方も変わってくる。みんなで一緒に声を合わせ歌う一体感が，コミュニケーションを育てていく力になる。

3　伝統行事

〈事例3：子どもの日〉

　子どもの日の由来を担任から聞いた年長児。クラスの友達と一緒に力を合わせ，大きなこいのぼりを作ることになった。

　話し合いで黒色と赤色の鯉2匹をカラーポリ袋で作ることにした。うろこは子どもたちが手形押しをしたものをハサミで切り，貼っていくことにした。

〈こいのぼり〉いつもは既成のこいのぼりを揚げているが，今日は年長組が作ったこいのぼりを揚げようと，園庭に集まった。風がなくポールに

重なるように垂れ下がったこいのぼりが，風に乗って舞うように泳ぎだした。目に見えない風を感じる。感動から，歓声や拍手が湧いた。誰かが「♪やねよりたかい，こいのぼり〜」と歌う。みんなもそれに合わせて一緒に歌い出した。

大空を泳ぐこいのぼりを眺めながら歌った。思わず両手を広げたり，体を揺らしたり，体を左右に動かして自然とリズムをとったりしながら歌う姿など，喜びや楽しさを身体で表現することを楽しんでいた。子どもたちが作ったこいのぼりや手形のウロコから，「みんなの手が集まると素敵だ」「いろんなうろこ（人）があって面白い」などのメッセージが伝わってきた。

〈事例について〉

子どもたちの中にある，お父さんは強い・優しい・怖い・厳しいなどのイメージが，凝縮され黒色のこいのぼりになった。また，赤色のこいのぼりは母の温かさ・優しさ・家庭での太陽的な役割，存在が赤色になった。イメージはこれまでの体験や，様々な経験から創り出される。

年長児が作ったこいのぼりをポールに揚げた時，誰かがこいのぼりの歌を歌った。それに合わせ周りにいた子どもたちも自然と歌い出し，その場が一体感で包まれたようだった。子どもたちにとって心地よい時間だったに違いない。

心地よさが音楽的な場を作った。楽しさは，心を躍らせ，身体表現につながる。自然と身体が動き出すような楽しい環境や雰囲気を作っていくことが保育者には求められる。

春は節目や区切りの行事の他，ひなまつりや，みどりの日，八十八夜，母の日など様々な行事がある。作ったり見せたりすることだけが行事ではない。子どもたちに何を伝えたいのか，何を経験させたいのかなど行事の意味を考え，生活の自然の流れの延長線上にある行事，子どもたちが主体的に楽しく活動できる保育を大切にしたい。

社会の急激な変化の中で，季節感や生活感が失われ，子どもを取りまく家庭環境も大きく変わってきている現代，保育の中に季節の歌や遊びを取り入れた

り, 伝承的な遊びや行事を通して豊かな感性が養われるようにしたい。また,「母の日」の取り上げ方にも配慮を忘れてはならない。

2節 夏 (6, 7, 8月)

春, 不安と期待に胸膨らませ緊張しながら入園・進級した園児たちも, 夏には園生活や新しいクラスの友達との生活に慣れ, 自己を発揮しながら友達や保育者との遊びを楽しむことができるようになる。新しい環境の中で徐々に自己を発揮し, 表現を楽しむようになってきた子ども一人一人の想いや感性を大切にしながら, 友達や保育者と共に表現する喜びを体験し共有したいものである。

また, 夏は気温や湿度の上昇に伴い薄着になることで, 皮膚や全身を通して周囲のものとかかわる機会が増える時期でもあるため, 体全身を使って様々な素材や環境と出会う機会を積極的に作りたい。

1 七夕・夏祭り

七夕は日本に古来より伝わる伝統行事であり, 保育・教育現場や地域を通してこの行事を楽しむ風習がある。このようなわが国独自の文化を, 行事を通して子どもたちに伝えていきたいものである。七夕にまつわるお話や歌, 製作を通してイメージを広げ, 古くから伝わってきた行事に思いを馳せる体験をさせたいものである。

また, 夏に行われる祭礼を伝える機会として「夏祭り」が挙げられる。夏祭りは, 一般的に7月から8月にかけて七夕や盆などと絡んで行われるものが多い。普段は着慣れない浴衣や法被を着て, 保育者や友達・家族と屋台や花火, 盆踊りなどの夏の風物詩を楽しむことは, 子どもたちにとって日本の文化を知り, 心踊る体験として豊かな感性を育む機会になるであろう。

〈事例4：夏祭りを楽しもう（5歳児）〉
〈ねらい〉
・友達や保育者，家族と七夕や夏祭りの雰囲気を楽しむ。
・浴衣や法被など日本独自の衣装を身につける喜びを味わう。
・屋台ごっこを通して自分たちでつくったものを，交換したり見てもらったりすることを通して満足感を味わう。
・盆踊りを通して日本の音やリズムを楽しみ，体を動かして表現する楽しさを味わう。

〈展開〉
・日常の保育において七夕・お盆などについてのお話を聞くことで行事のイメージをもてるようにする。
・網飾り・ちょうちん・吹流しなどの七夕飾りを製作し，笹飾りにすることで七夕の雰囲気を味わい，期待をもって行事に取り組めるよう配慮する。
・絵本やお話を通して，お祭りにおける屋台のイメージ（金魚すくい・水風船・お面・射的・たこ焼き・焼きそば等）を膨らませ，自分たちでつくってみたいものをお互いに相談し考える。

保育者と相談しながら準備を進める子どもたち

「いらっしゃーい」と屋台を宣伝する子どもたち

くじびきで何が当たるかな

カラーポリを使った着物づくり

懐中電灯を持ってお化け屋敷に入る子ども

和太鼓をたたく子ども

・七夕の歌や盆踊りを通して，音やリズムを楽しみ，音に合わせて身体を十分に動かす心地よさを味わう。
・夏祭りを通して季節の音，色，形を味わい，子ども一人一人がイメージを広げ，お祭りの雰囲気を味わえるような環境を構成する。

〈発展〉

・浴衣や甚平を柔らかい紙（不織布や和紙）で作って，自分で作ったものを身につける楽しさや喜びを味わい，友達の良さにも気付けるような活動を行いたい。
・子どもたちが製作したもの（お化けや飾り）を使って，お化け屋敷コーナーを作ってもよい。お互いに意見を出し合い，どのような仕掛けをつくるか，どう飾ったらよいかなど相談することで，友達と力を合わせて作り上げる喜びや保育者や保護者に見てもらう楽しさを味わわせたいものである。
・地域の団体やサークルなどとの連携をもつことによって，お祭りで使われる和楽器（和太鼓や笛）と触れ合う機会を提供することも取り入れたい。日本の楽器のもつ独特の音や，音色の美しさを感じる体験をしたい。

2 泥遊び・色水遊び

　夏は，プール活動に伴い，水遊びや泥んこ遊びなど体全身で水や泥などの素材とかかわることのできる時期でもある。冷たく心地よい水や泥の感覚を味わうことは，子どもたちにとって自己を開放し，全身の感覚を使って周囲の環境と体全体でかかわる貴重な体験となるであろう。朝顔などの夏の植物を利用した色水遊びでは，色水をジュースに見立て，自然の色の美しさからイメージを広げ，ジュース屋さんや喫茶店ごっこなどの遊びが展開できる。

　また，絵の具の感触を全身で味わうボディーペインティングでは，体や顔にペイントすることでお化けに変身したり，大きな紙や時にはガラスに色や形，動きを楽しみながらペイントしたりすることで，アクションペインティングを楽しむことができる。

　泥遊びでは体全身でドロドロ，ベチャベチャ，ジャリジャリした泥の感覚を味わい普段の生活の中ではあまり味わえないダイナミックな活動を行うことができる。生活の中で様々なものから刺激を受け，敏感に反応できる幼児期であるからこそ，あらゆる感覚を働かせて繰り返し活動を楽しむことが子どもの感性を育む上で欠かせない体験となるだろう。

サラサラした土の粉の感触を味わう

土の粉に水を少しずつ入れて変化を楽しむ

ドロドロになった土を体に塗りつけて楽しむ

環境の構成	予想される幼児の活動	保育者の配慮・援助
・園庭に泥遊び用の用具を用意する（粘土の粉，ボウル，タライ，水等）。 ・粘土の粉をボウルに入れ，グループごと感触を楽しめるようにしておく。 ・園庭にブルーシートをしき，粘土の感触を味わえるスペースを作る。 ・日よけ用のタープやテントを用意する。	・水着に着替え，園庭に出る。 ・用意された粘土の粉の感触を味わう（サラサラ・スベスベ）。 ・粘土の粉に少しずつ水を加え，感触の変化を楽しむ。 （ボロボロ，ガサガサ，ベチャベチャ，ヌルヌル） ・泥になった粘土を体に塗りつけたり，足で延ばしたりして，全身で土の感触を楽しむ。 ・皮膚についた粘土が乾燥してボロボロになる様子を楽しむ。 ・泥と粘土，使った用具（ボウル）を集める。	・水分補給を済ませ，園庭に行くよう言葉をかける。 ・粘土の粉について説明し，ボウルの中で粘土の粉の感触を楽しむよう伝える。 ・粘土の粉をブルーシートの上に乗せ，水と土がうまく混ざるよう。山を作り，山の中央に穴を開け，水を入れるよう伝える。 ・水の量によって異なる粘土の感触を味わえるよう，少しずつ水を加えるよう伝える。 ・興奮して友達に泥をぶつけたり，シートの上ですべって転んだりしないように見守る。
・泥上になった土粘土を入れるビニール袋を用意する。 ・土で汚れた水着を洗い，体を拭いて着替えられるように足ふきマット，バスタオルを用意しておく。	・保育者に手伝ってもらいながら，体についた土を洗う。	・子どもが集めた粘土や泥をビニール袋に入れる。 ・シャワーで子どもたちについた泥を流し，必要に応じて水着を洗う。

〈事例5：「土の感触を楽しむ」（5歳児）〉

〈ねらい〉

・土の様々な感触を味わいながら泥遊びを楽しむ。

・体全体で素材の感触を味わい心地よさを感じる。

〈事例について〉

・水分量によって変化する土の状態が味わえるよう，粉，粘土，泥それぞれの感触をじっくりと味わう時間を作りたい。また，それぞれの状態を味わうことで生まれる子どものイメージを大切にし，そこから生まれる表現を友達や保育者と共有する喜びを存分に味わうことが大切である。

・土粘土は焼成しない限り，固まっても水を加えるだけで何度でも使用可能であるため，泥になった粘土を適度に乾燥させ，粘土状にすることで，自分た

5章　園行事と「表現」　169

泥を顔に塗る子ども

粘土の塊の重さを体全体で感じる

粘土状になった土でダムを作る

自分たちで作った粘土でメダルを作る

身近な素材を型押しした粘土のメダル

ちで作った粘土で作品づくりを行うことができる。できた作品を野焼きする場合は，耐火度の高い粘土を混ぜるか，シャモットと呼ばれる素焼きの粉を混ぜることで，焼き上がりの損傷を防ぐことができる。

3　お泊り保育（キャンプファイヤー）

　子どもにとって日常を離れた宿泊体験は，新たな発見・成長の好機であると言える。近年では諸事情により，宿泊を伴う保育を実施する園が減少しているが，保護者のもとを離れて生活することで自信や自立心を養ったり，友達や保育者と共同生活を行う中で人との関係を深めたり，協調性を育てること，普段の保育ではできない豊かな経験をすること等をねらいとしたお泊り保育を実施することがある。

　お泊り保育には，園に宿泊する場合と近隣の合宿施設で行う場合があり，合宿施設などでは自然とのかかわりを大切にするプログラムなども行われるが，ここではその一例であるキャンプファイヤーとその火を活用した野焼きについての事例を紹介する。

〈事例6：みんなで楽しむキャンプファイヤー／粘土は焼くとどうなるの？〉
〈ねらい〉
・キャンプファイヤーでの活動を通して火の大切さについて知り，暖かさや美しさを味わう。

子どもたちの作った作品を窯に詰める

・友達や保育者とともに歌やゲームを通してイメージを広げながら活動することを楽しむ。
・焼成すると焼き物になる土粘土の性質に興味をもつ。

〈展開〉
・キャンプファイヤーでの野焼きを行う際は，事前にキャンプファイヤーの井桁の中に簡易窯を作っておく（**図A**〈172頁〉）。土粘土の作品は，直火に触れると破損する恐れがあるため，窯内部にもみ殻を入れる

5章 園行事と「表現」　171

とよい。窯詰めは，子どもたち自身で行うことで，自分たちの作品を火で焼くことでどのように変化するか期待をもって取り組めるようにすることが望ましい。

・キャンプファイヤーを行う際は，活動中に火の管理（火が落ちないよう薪を追加したり，活動内容によって火に強弱をつける）をする人員を確保する必要がある。火の管理をする場合は，燃えにくい素材の衣服を身に付け，火傷にならないよう皮膚を覆う必要がある。

・点火する際は，火が私たちの生活にどのようにかかわってきたか（焼き物や食事について等）や，その大切さや扱い方について伝え，火が燃え上がる雰囲気や暖かさを子どもと共に味わう。

・キャンプファイヤーで楽しめるゲームや歌（「猛獣狩り」や「キャンプだホイ」等），ダンスなど，火を囲んで楽しめる表現活動を用意し，子どもたちがイメージを広げながらキャンプの雰囲気を楽しめるよう配慮したい。

・キャンプファイヤー点火後6〜8時間程度で火を落とし，おき火にして朝

火についての話を聞く子ども

点火されたキャンプファイヤー

焼成された子どもたちの作品

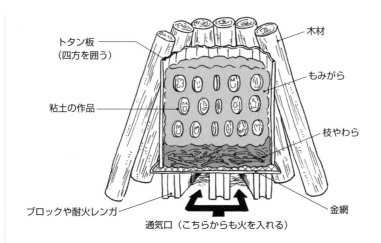

図A 野焼き断面図

まで様子をみる。点火後12時間程度で窯の様子をみて，作品を取り出す。急冷すると温度変化により破損する恐れがあるため，徐々に粗熱を取り，温度が下がった作品から窯の周りに並べる。また，熱の残っているもみ殻や熾火は金属製のバケツなどに入れ水をかけておくと再燃を防げる。

・破損した作品は陶磁器用の接着剤で補修し，破損のひどいものは透明のアクリル板に貼り付けて補修する。

〈事例について〉

・本活動では，キャンプファイヤーから土粘土を焼成するため，一定時間火の管理をする人員が必要となることから，保育者間の連携や役割の確認が必要となる。また，キャンプファイヤーについては，野外活動を専門とする外部機関と連携することで活動の幅も広がると考えられる。

・宿泊を伴う体験は通常の保育とは異なる体験であるからこそ育てたい協調性や自立心のきっかけを作れる場面を押さえておきたい。キャンプファイヤーだけでなく，肝だめしや食事作りなどを通して，友達と協力して何かをやり遂げる充実感や満足感を味わったり，夜空を見上げる体験や自然や身の回り

の音・色・形に気付いたりするなど，普段の保育では味わえない経験をする
きっかけが挙げられる。

・キャンプファイヤーを行う際は，必ず事前に消防署へ申請を行うことが必要
である。火気の取り扱いについて規制がある昨今，地域の方々への理解を呼
びかけることが必要となる。

・キャンプファイヤーを利用した大規模な野焼きだけでなく，身の回りにある
七輪や一斗缶を使って土粘土を焼成することもできる。保育者として，身の
回りにある様々なものを利用した活動を提案したいものである。

3節　秋（9，10，11月）

1　運動会

〈事例7：9月運動会ごっこ（年長・5歳児）〉
　〈背景〉2学期が始まり秋になる頃，運動会が行われる。幼稚園の場合は，
夏休み明けの登園時に，すぐに園の雰囲気が運動会ごっこ一色に変わって
しまうと，子どもたちは環境の変化に馴染めない子どももいる。そのため，
7月によく遊んでいた水鉄砲遊び，洗濯ごっこ，砂・泥遊びができるよう
に環境設定を継続しながらも，保育者は新たに運動遊びを楽しむことがで
きるよう準備をしている。
　〈子どもたちの様子〉昨年，運動会でみんなで踊ったダンスの曲を，子
どもたちが自由に踊ることができるように，昨年使用したボンボンやス
カート，頭飾り，ラジカセとテープ，踊るための簡易ステージ，観客席用
の椅子とシートを園庭の隅に用意した。これらにいち早く興味を示した
のは，普段から踊ることが好きなナミとリカであった。「これ，ずっと前，
もも組さんだった時にやった音楽だよね」「そうだよね」「やりたい，やり
たい」と言って保育者が準備をするのを一緒に手伝っている。準備が整い，

踊りの曲が流れると，2人は簡易ステージに上がって踊り出した。

その他にも，通常の遊びの中で子どもたちが自由に遊ぶことができるように，かけっこ，リレー，玉入れ，綱引き等の環境設定がされた。リレーの音楽はこの園の定番曲があり，それを聞くと子どもたちが走りたいという気持ちになるようだ。曲が流れている間はエンドレスで園庭のトラックを，バトンを渡しながら何周も走っていた。途中で，年少・年中児が遊びに加わりたいと言ってやってくると，年長児が率先してチーム分けを行い，遊びの進行も喜んでやっていた。

〈事例について〉

運動会は，どの園でも大きな行事として位置づけられ，子どもたちの成長の姿を保護者の方にも見て頂く機会である。そのため，保育者も子どもへの指導に一層の期待が込められるだろう。しかし，いうまでもなく，行事を成功させることが目的になってはいけない。むしろ，この場合は，運動会ごっこという遊びの延長線上に運動会という行事があるのだと理解した方が，子どもの実態から見ても自然な流れである。

運動会当日は，時間やプログラムの制限もあるため，全園児が同じ競技に参加できるわけではない。本園を例にとると，リレーは年長児の競技種目になっており，当日は年少・年中児は応援する立場である。年少・年中児は運動会で活躍する年長児に憧れを抱き，行事後の運動会ごっこでは，特にリレーに加わろうとする年少・年中児の姿が見られた。

このように，本番が終わると子どもたちは，他にもやってみたいと思っていた活動に意欲的にかかわっていくのである。そこでは，同じ仲間がいることもあるし，仲間の入れ替わりも経験することもある。遊びのストーリーやルールを自分たちで工夫して変えていくこともできる。行事当日とは異なる楽しさや面白さを味わっているのである。

5章　園行事と「表現」　175

2　遠足

〈事例8：10月　秋の遠足ごっこ（年少・3歳児）〉

　〈背景〉もうすぐ秋の遠足が行われる。年少児は，入園後の4月に初めての遠足（この時は親子遠足）を経験しているため，遠足とはどのようなものかをイメージすることができている。

　10月初旬のある日，登園してきたアヤコが「もうすぐ遠足があるよって，ママが言っていた」と保育者に告げる。保育者は，「アヤコちゃん，よく知ってるね。ママに聞いたんだね。その通りだ。今度は動物園に行くよ。みんなで一緒に行こうね。楽しみにしていようね」。アヤコ「やったあ！嬉しいなあ。前の時は動物園に行けなくて，別の場所だったでしょう？」と記憶をたどりながら一生懸命な表情で保育者に話をする。アヤコの言う"前の時"というのは，4月の親子遠足を指している。この時は当初，動物園を予定していたが，雨天のため行先が変更になり，市のこども科学館に行ったのである。

　〈子どもたちの様子〉今度は，念願の動物園に行くことができるというので，子どもたちの期待は一層高まっているように感じられた。そのような時，ヒロユキが「僕はリュックサックに何を入れようかな……，お弁当はおにぎりにしようかな」と言いながら，自分の登園バッグをリュックサックに見立てて，おままごとコーナーにある食べ物を詰め始めた。保育者は，ヒロユキの様子を温かく見守りながら，「これからリュックサックやお弁当を作ってみない？」と提案した。保育者が製作材料を用意すると，ヒロユキやその周りにいた子どもたちが集まってきた。

　子どもたちは，これらの材料を使って自分のリュックサックや食べ物を作り，完成すると遠足ごっこが始まった。

〈事例について〉

　子どもたちはリュックサックを作ったことで，4月の親子遠足の経験を遊びに

取り入れて自分なりに表現することができる。このリュックサックは，使わない時は，お道具入れと呼ばれる各自のお道具入れに保管していた。ある日，子どもが降園した後，担任がお道具入れの中を整頓しようと中を開けた。遠足ごっこでよく遊んだであろう子どものリュックサックは大変使い込まれていることが見てとれた。一方，あまり遊んでいない子どものリュックサックは綺麗な状態であった。こうしたことからも，子どもの遊びへの興味や，取り組みの様子が分かる。

3　秋祭り（お店屋さんごっこ）

〈事例9：10月お店屋さんごっこ（年中・4歳児）〉
　〈背景〉運動会を終えて，大きな行事を経験したことから，クラスの友達とのかかわりが深まり，仲間意識が見られるようになってきている。日々の遊びの中で，意見を出し合うことが多くなる。それぞれの思いがぶつかり合い，子どもたちだけでは解決することができず，保育者に助けを求めながらも，子どもたちで答えを出したい姿が見られる。
　この幼稚園は，地域に根差しており，子どもたちも同じ地区内から通園している。秋には，地区の秋祭りが開催され，地域の住民や子どもたちが屋台を引き回したり，おみこしを担いだりなど住民が一体となって行われた。この秋祭りが終わると，子どもたちは園でそれらについてそれぞれの思いを話す。
　ケイタ「僕のお兄ちゃん，おみこしを担いだんだ」
　カズヒロ「いいなあ，やってみたいなあ。僕らも小学生になったらできるって聞いたよ」
　モモコ「お祭りの時，お店屋さんがたくさん出ていたね。私は綿あめを買ったよ」
　マミ「私は，おばあちゃんにお面を買ってもらったよ」
　など，思い思いの感想や経験したことを思い出しながら，楽しかったお祭りの余韻に浸っているように感じられる光景が見られた。ケイタとカズ

ヒロは，おみこしを担いだ小学生に憧れつつも，自分たちも早くやってみたいという気持ちが現れている。そしてモモコとマミは，出店を思い出し，各々買ってもらったものを言い合っている。

〈子どもたちの様子〉こうした子どもたちの姿を見て，保育者はクラスの皆を前にして，地域の秋祭りのことを分かち合いながら，「みんなも幼稚園でお店屋さんごっこをやってみない？」と提案する。子どもたちは「やりたい」「やったー」と喜びの歓声を上げ，話し合った結果，このクラスは食べ物屋さんを中心にやりたいという意見に決まった。

まずは早速，綿あめを作りたいということである。割りばしに，綿をボンドで付ける。水彩絵の具で色を付けると綺麗な綿あめになった。そして，透明のビニール袋で覆って完成。このビニール袋は「年少さんが袋を外して本当に綿を食べてはいけないから」という意見のもとに，袋が取れないよう，割りばしにセロテープを使って固定した。

次に，たこ焼きを作ってみたいという意見が出された。白色の紙をたこ焼きの大きさに丸めて，その上に黄色と茶色の絵の具で色を付ける。「絵の具が乾くまで，待とうね」ということになり，今日の製作はここで終了。「続きは月曜日ね」「かつお節はどうする？」「青のりも欲しいよ」などの会話が飛び交い，食材を意識している子どもたちである。

保育者は，週末に近所で建築業を営んでいる知人を訪ね，園での製作の話をしたところ，快く"おがくず"を分けてもらうことができた。月曜日，「先生は，今日とってもいいものを持ってきたよ」と子どもたちに期待させながら，おがくずを見せる。「これは，大工さんが木を削った時に出る，おがくずって言うんだよ」「そうなんだー」「初めて見たよ」「触ってみたい」と言う子どもたち。

このおがくずは，たこ焼きのかつお節として活用されることになった。

〈事例について〉

子どもたちは，遊びの中で「見立てる」ことが好きである。地域のお祭りを

経験したからこそ，お店屋さんごっこのイメージを想像することができる。そのような思いが，友達と一緒に楽しさを再現したい，本物らしさを追求したいという意欲に駆り立てられるのであろう。

　保育者は，子どもたちの「こんなものを作りたい」という願いや，想像力を大切にしつつ，身の回りの材料を利用して工夫する楽しさや喜びを味わえるようにしたい。

4　芋ほり

〈事例10：10月お芋ほり，11月お芋パーティー（年中・4歳児）〉

　〈背景〉夏にみんなで園の畑に植えたさつま芋。当初は小さな葉だったが，ぐんぐん大きくなり，畑の畝が見えないほどに生長していった。秋も深まりそろそろ収穫の頃合いである。今日は，待ちに待ったお芋ほり。子どもたちは，家から持ち帰り用のビニール袋を持ってきた。朝の登園後，保育室に入るや否や，ビニール袋を振り回しながら「お芋ほり！　お芋ほり！」と威勢よく走り回る康男の姿もある。

　楽しいことのある日は，子どもたちの足取りも軽く，園内の雰囲気がいつにも増して明るく感じられるものだ。

　さて，今日のために，保護者に協力を頂き，ボランティアを募った。保護者は子どもたちよりも一足早く畑に行き，子どもたちが芋を抜きやすくするために，芋づるを半分ほどを取り除く作業を行った。

　〈子どもたちの様子〉登園後，子どもたちが揃い，みんなで一緒に歩いて農園へ行く。この農園は，ご近所の農家のご厚意でお借りしている畑である。子どものゆっくりしたペースで歩いて10分ほどで到着。保護者ボランティアが先ほどの作業を終えて，「こんにちは」と温かい笑顔で子どもたちを迎えてくれた。最初に今日のお約束を確認する。「土を掘って芋が見えたら，芋の周りの土を優しく取り除きましょう。掘ったお芋は，こちらのコンテナボックスにそうっと優しく入れましょう。そしてもう一つ。手に土が付

くけれど，園に帰ってから手を洗いますから，それまでは我慢しようね」「はー
い」さあ，いよいよお芋ほり開始。子どもは手を使って土を取り除いていく。
早くも「お芋の顔が見えた」と歓声を上げる子ども。その隣で，「私はまだ
……」と寂しそうにしている子がいる。「大丈夫よ。先生と一緒に掘ってみ
よう」と言葉をかけると，少し安心した様子で，また手を動かす。「そうそう，
上手ね。モグラさんみたいよ」と言うと一層元気が出たようである。「あっ，
見えた。お芋だ」「よかったね，もうひと頑張りでお芋が出てくるよ」声をか
ける。この日は，子どもたちは一人２本ずつ，さつま芋を家に持ち帰った。
　園では，収穫したさつま芋をしばらくの間保管しておいた。こうすると，
甘みが出る。そして，日を改めてお楽しみのお芋パーティーを行った。昨
年は焼き芋だったため，今年は趣向を変え，子どもたちと茶巾しぼりを作っ
てみんなで食べた。

〈事例について〉

　この園では，行事にこのような形で有志の保護者ボランティアに，一緒に保
育活動に加わってもらっていることが特徴である。これは，保護者が自分の子
どもだけでなく，クラスや園全体の子どもたちに気を配り，それぞれの子ども
の良さや違いに気付いて理解を深めてもらうことを目的としている。また，行
事の当日だけでなく，準備のために保護者が何度も園に足を運んで打ち合わせ
を行うこともある。このような保護者が共に参加するスタイルがこの園で始
まって10年を迎えようとしており，すっかり定着してきているのである。行
事があるたびに頻繁に保護者ボランティアが募られるため，子どもたちは年中
児になると状況が分かるのであろう。「私のお母さん」ではなく，「今日は私の
お母さんは，みんなのミニ先生なの」という意識を持っている子もおり，頼も
しく感じられる。保護者からも，「こうして色々なお子さんとかかわると，う
ちの子には見られなかった良さに気付くこともある」「様々なお子さんとかか
わること自体が本当に楽しい」「先生の仕事の内容にも理解をしていきたい」
等前向きな意見をもらえることは，園としても喜びである。

4節　冬（12, 1, 2月）

1　もちつき

〈事例11：五感で味わう（12月）〉

　翌日行われるもちつきの準備のために杵や臼が運ばれてくると年長の子どもたちはそれを囲んで，「去年は3つ食べたから，今年は4つ食べる！」「先生！　一人何個食べれるの？」と，もちつきが楽しみで仕方がない様子。

　もちつき当日，登園すると朝の挨拶もそこそこに「先生！　今日は何時からもちつき？」と，マサヒロは落ち着かない。ようやくお昼になり，もちつきの準備がされている外に出ていくと，マサヒロはすかさず「わぁ～！　良い匂い！　おもちの匂いだ！　先生！　早く食べた～い」と，もち米を蒸している匂いに大興奮。年長児は一人ずつ子ども用の杵でもちつきをする。それを囲んで年少，年中児が座って見ている。年長児が一生懸命もちをつく姿を見て，年少児のミサキが「♪ぺったんこ，それぺったんこ」と，お部屋で保育者やお友達と一緒に歌っているもちつきの歌を歌い始めると，近くに座っていたカホたちも一緒に歌い出した。それは，年長さんのもちをつくタイミングとぴったり一緒だった。その外側に座っていた年中児たちは，来年は自分たちがもちつきする番とばかりに，年長さんのもちつきに合わせてもちをつく真似をしていた。

〈事例について〉

　もちつきには年中行事の体験，食育といった意味が含まれるであろうが，領域「表現」としても捉えたい行事の1つである。行事というのは非日常である。もち米を蒸かす時の匂いと家でご飯を炊いている時に嗅ぐ匂いの違いに気付いたり，せいろから真っ直ぐに立ち上る湯気の白さを面白がったり，もち米を蒸す時に燃やす薪のパチパチいう音を聞いたり，もちつきのペッタンコ，ペッタ

ンコといった音のリズムを感じることは，日常の生活では味わえないことばかりである。子どもと一緒にもちつきに聞こえる音探しをしても面白い。そして，口にした時の伸びる感覚や直接触った時の温かさや柔らかさは，この時にしか味わえないことばかりである。その時，その瞬間に子どもと共に味わえることを大切にすることで，子どもの心と記憶に深く刻まれ，絵にして残すためにかくのではなく，自ずと表現したくなる。保育室には絵をかくことのできるような環境を整えておきたいし，もちつきに期待する気持ちが盛り上がるように，もちつきに関する歌を皆で歌ったりしてその日を迎えたい。

2 クリスマス会

〈事例12：仲間と表現するページェント（聖誕劇 10月）〉

　年長の9月に転園してきたタクヤはぶっきらぼうな性格でなかなかクラスに馴染めずにいた。担任の敦子先生はそんなタクヤだが，人に対してとても優しく親切に接することに気付いていた。そこで，障がいのあるコウヘイと同じ役にして，セリフを一緒に言うようにした。すると，タクヤはコウヘイが一緒にセリフが言えるようにタイミングを計ったり，手をつないでコウヘイがどこかへ行ってしまわないようにしたりしていた。それを見ていた他の子どもたちは，タクヤの優しさや親切な姿を認め，タクヤは認められるとそれが自信につながり，クラスの仲間とも馴染むことが出来た。

〈事例13：讃美歌を歌う 11月〉

　ページェントには，場面毎に何曲も讃美歌が歌われる。劇の練習も進んできたが，どの場面でも，何度歌っても子どもたちの歌が一本調子であったのが担任保育者は気になっていた。そこで，登場人物一人ずつについて，どんな人なのかを皆で考えてみた。そして絵本を繰り返し読んで聞かせたり，子どもたちがいつでも読めるように本棚に置いておいた。すると，子どもたちの歌が，場面の雰囲気に合った歌い方に変わっていった。子どもたちの歌う声が自然で優しく素直な声になっていった。

〈事例について〉

　キリスト教の園ではページェント（イエス・キリストの聖誕劇）を行う。「年長さんになったら，あの役をやりたい」と，年少や年中の子どもたちは憧れの気持ちををもって見ている。また，お父さんやお母さんが観に来てくれるとあって，子どもも保育者も一生懸命に取り組む行事の1つである。行事であるので，見せることを意識しながら完成させることは大切であるが，完成形を見せることだけに囚われていては子ども同士の仲間関係やその中で育つ子どもの姿を見過ごしてしまうことになりかねない。練習の過程における，子どもの心の動きや育ちを見逃さないようにしたい。

　また，楽しく演じたり，歌ったりしている姿をお客さんに見てもらうことも大切であるが，子どもたちが歌詞の意味や情景にあった歌い方を自分たちで考えられるような機会としたい。

3　お正月

〈事例14：郵便屋さんごっこ　12月〉

　12月に入るとどのクラスからも「♪もういくつ寝るとお正月」と，正月にちなんだ歌が聞こえ，近所の大きなスーパーやお寺に門松が飾られると子どもたちもお正月に興味をもち始める。

　年長のクラスでは，文字に興味をもち始めた子どもたちが，手紙の交換をして遊んでいたので担任保育者は空き箱で後ろ側から手紙が取り出せるように扉を付けた大きなポストを作り，お便り帳を置いておく机の上に置いておいた。その横のテーブルには，ハガキ大に切った紙を何枚も入れた箱と鉛筆を準備した。

　登園してきたケンジがそれを見つけると，早速，紙と鉛筆を持って自分の席に座ると，ハガキの裏にドッジボールをしている絵を描いた。そして真由美先生のところにそれを持っていくと，「先生，バスの運転手さんに，これ渡したい。また，ドッジボールしようね。ってかいたんだよ！」と。

5章　園行事と「表現」　183

ケンジはまだ文字が書けなかったので，絵で描いたのだ。担任保育者は笑顔で頷きながらバスの運転手さんの名前をひらがなで大きく書いた。

〈事例について〉

　年長児になると就学を前に文字に興味をもち始め，読んだり書いたりし始める子どもも多い。その一方でケンジがしたように，自分の気持ちを素直に絵にして伝えたいと思えるような環境を設定しておくことが大切である。子どもの興味を無理に文字へとつなげるのではなく，小学校入学への期待とつなげたい。

　お正月は園で行う行事ではないが，それに関連する歌を歌ったり，正月飾りを作るといった活動をすることで，こうした年中行事にも子どもが興味をもち，日本の文化に触れる機会にしたい。

4　節分

〈事例 15：お面づくり　1 月末〉

　節分を前に，鬼のお面を作るために頭がすっぽり入る大きさの紙袋を家から持ってきてもらった。保育者はあらかじめ作っておいた紙袋の鬼のお面を子どもたちに背を向けて被ると，子どもたちを驚かせようと「鬼だぞ〜！」と振り向いた。「キャー！」と，子どもたちの明るい声と同時に笑い声が部屋中に響いた。

　子どもたちは用意した紙袋を被って，自分で目の部分の穴を開けるために，パスで印を付けて頭から紙袋を外すと，印を付けた場所をハサミで切り取った。その後はそれぞれ，角を作って付けたり，毛糸のモジャモジャを貼り付けて思い思いの鬼を完成させた。のりを乾かす間，保育者の伴奏で，「まめまき」の歌を歌って楽しく待った。

〈事例について〉

　子どもたちにとって豆まきの行事は，普段は人にものを投げたりぶつけてはいけないと言われているのに，この日は鬼に向かっておもいきり豆をぶつけら

れる，とても楽しい日となる。自分が鬼を退治するのだと張り切る子どもも多い。悪いことをする鬼，または自分の心の中にいる鬼を退治するのだと教える保育者も多いだろう。そうであるから，鬼のお面づくりは子どもにとって，自分と向き合う時間でもある。保育者は鬼のお面の表情に表現する，子どもの内面をしっかりと読み取り受け止めたら，子どもに寄り添い退治できるよう支援したい。

5　生活発表会

〈事例16：12月／初めての発表会　4歳児〉

　年中水星組の担任の保育者は1年目の新人である。2学期の終わり頃から3学期にある生活発表会の演目の事で頭がいっぱいだった。演目は担任に任されていたが，劇か音楽のどちらかと決められていたので，迷わず音楽を選択した。担任保育者自身が音楽が大好きであったし，子どもたちにも音楽の楽しさを伝えたいと，4月から数多くの歌を子どもと一緒に歌ってきたからだ。しかし，発表会の曲選びとなると，これまで歌ってきた歌の中から選ぶのは難しく，本屋さんで見つけた音楽発表会のための本の中から選ぶことにした。水星組というクラスの名前にちなんで，『お星さま』(都築益世作詞・團伊玖磨作曲) と 『電波のおつかい』(春山ひろし作詞・小林昭三作曲) の2曲を選んだ。

　〈冬休み／立案〉2月末にある生活発表会に向けて，3学期に入ったらすぐに子どもたちと練習ができるようにと，冬休みの間に舞台上での子どもの立ち位置，舞台装飾，衣装を考えた。

　〈1月／練習〉新学期が始まるとすぐに子どもたちに発表会でどんな事をするのか話して聞かせた。水星組は年中組といっても新入園児であったため，保育者の説明は子どもたちには理解されていないようだった。中に，お兄ちゃんやお姉ちゃんの発表会を見たことがあると言う子もいたが，発表会という言葉を聞くのも初めての子どもばかりだった。

　しかし，その日から2曲の歌を毎日，保育者は子どもたちに歌って聞かせた。子どもたちは発表会が何かわからないまま，それでも口々に「発表

会でやるんだよね」「発表会でお父さんやお母さんに聞かせてあげるよね」
と，言いながら少しずつ覚えた歌を先生の歌に合わせて一緒に歌い始めた。
「電波のおつかい」には電波をイメージした簡単な振付が本に載っていた
ので，「電波ってどうやって飛んでいくのかな？」等と，イメージで好き
に一人一人電波の振付を付けながら歌った後，クラス皆で保育者の考えた
振付を覚えて歌った。

　子どもたちが振付を覚えて歌えるようになると，次に舞台と同じように
並んで歌ってみた。冬休みの間に考えておいた背の高さ順であったが，子
どもたち一人一人の顔が見えるようにと考えた隊形は，立ち位置を少しず
つ斜めにずらしながら並ぶので，年中の子どもにとっては覚えて並ぶのが
難しかった。そこで，「誰が速く並べるかなー？」と，何度もゲームのよ
うに「よ～いドン！」と，掛け声を掛けては並ぶ練習をした。

〈2月／本番に向けて〉発表会の会場は幼稚園ではなく，近くにある大
きな公民館だったので，舞台の背景が黒幕であることはわかっていた。そ
こで，子どもたち一人一人が発表会に期待がもてるようにと，「お空に綺
麗に光る，お星さまを描いて飾りましょう。きっと，お星さまが皆を応援
してくれるよ！」と，4つ切りサイズのボール紙を渡して，パスで描いた後，
はさみで切りぬくように伝えた。星に詳しいジュンは「僕のは赤く光るん
だ！」と画面いっぱいに赤い星を描いた。隣のショウコは「私のはキラキ
ラなんだよ」と，キラキラを表す星の角をいくつも細かく描いた。紙の大
きさに対して，とても小さな星をいくつも描いた子もいたが，一人一人自
分の星を作り上げると，飾る日が待ちきれない様子だった。

　保育者は他に頭に付ける星型のお面と，手具として，田んぼの稲を鳥か
ら守るキラキラしたリボンテープを農協で購入してきて，子どもたちの両
手にゴムではめられるように作って準備した。星型のお面は一人ずつ頭の
サイズを測って作ったので，子どもたちは毎日登園してくると「先生，今
日あれかぶってやる？」と尋ねた。「キラキラが取れちゃうといけないか
ら今日は使わないよ」と，残念そうに答える保育者に，エリコが「そうだよ！

発表会の日にクチャクチャになったらダメだから，まだ使わないよね〜」と，同調して言うと，マサルたち男児は「いつになったらかぶれるんだろうな？」と，がっかりする日が続いた。

〈2月中旬／リハーサル〉幼稚園のバスで公民館まで移動したり，初めて舞台の上に立ったり，水星組の子どもたちには初めて経験することばかりだった。いつもはお部屋で練習していたのを広い客席に向かって歌ってみると，子どもたちは客席で待っている他のクラスが気になったり，自分の星の飾りがどこに付けられているかが気になって，なかなか普段の練習のようには歌えません。保育者はそんな子どもたちに「発表会の日には，お父さんやお母さん，おじいちゃん，おばあちゃんも見に来てくれるよね。お星さまに負けないようなきれいな声を聞かせてあげようね。きっとビックリすると思うよ！　ニコニコ笑うと，お腹の中からきれいな声が出てくるからね」と声を掛けた。練習の2回目には，いつも通り元気できれいな声でいつも通りの水星組らしく歌えていた。

〈2月末／本番〉保護者に手を引かれて，会場の公民館に登園してきた子どもたちは，みんなニコニコしていて，言葉には出さないが表情から，やる気が見てとれた。衣装係のお母さんたちに手伝ってもらいながら衣装に着替えると，それまでニコニコしていた子どもたちが急に緊張し始めて笑顔が消えた。いつも通りの元気な水星組を見て欲しいと保育者は子どもたちに「水星さん！　お父さんやお母さんが写真をいっぱい撮ってくれるから，ニッコニコで歌ってね！どんな顔？」と，思い切りの笑顔を見せると，一人ずつ笑顔と笑顔で見合って握手した。舞台に上がった子どもたちは保育者のピアノ伴奏で，いつも以上にはりきって歌った。

緊張の本番

5章　園行事と「表現」　187

振付の手も精一杯キラキラさせていた。

　舞台から降りてきた子どもたちの興奮はなかなか冷めなかった。終わっ
て直ぐに写した集合写真にはどの子も「やり切った！」という満足そうな
笑顔が写されていた。

〈事例について〉

　生活発表会のような保護者や外部の人に観てもらうような行事は，園の保育
をアピールする場ともなる。園の方針によって，出し物の内容や衣装に至るま
で様々な違いがでる。しかし，上記の事例のようにクラスの子どもに合った，
無理な練習をしなくても良い内容を選択することが望ましい。ここで注意した
いのは，日々の生活の延長線上にある子どもの姿を見せたいという想いを強く
もちすぎることである。生活発表会という子どもにとって特別なハレの舞台で
あることを忘れてはいけない。本番に向けて準備や練習をすることで育つこと
も多い。子どもが楽しんで行う姿を見せることが大切であるが，それだけに終
始せず，「練習する」という言葉に過剰に反応する保育者もいるが，歌ったり，
楽器を演奏したりする音楽的な内容は子どもの自主性に任せておいては成り立
たない活動だということをここで確認しておきたい。だからこそ，保育者が一
人一人の子どもの練習の過程における育ちを把握して，保護者に伝えることが
大切であり，生活発表会を観てもらう視点として共有しておきたい。このよう
な行事は子どもを成長させるだけでなく，保育者自身をも成長させることを覚
えておきたい。

〈事例17：子どもたちとともに創りあげる　5歳児〉

　保護者会主催による外部講師を招いての親子のリズム遊びに参加した青
組。終わってからも子どもたちは，その時に教えてもらった振付を踊りな
がら歌った「かえるのうた」や，ピアノの音に合わせて歩いたり走ったり
した音符の遊びをとても気に入っていた。

　翌日からは担任の保育者と一緒に歌ったり，ピアノに合わせてリズム遊

びを楽しんだ。

〈12月／劇「泣いた赤鬼」〉青組では，これまでにいくつもしてもらっ
たお話の中から「泣いた赤鬼」を劇にして発表することになっていた。子
どもたちは自分たちで台詞を考えたり，劇中の遊びや歌も普段遊んでいる
わらべうたの中から選んで決めていた。保育者は，子どもたちが話し合っ
て決めた台詞や動きをメモしながら，子どもたちの話し合いを支えた。

コウスケが，「いいこと考えた！　向こうまで歩いて行くのは，この前
やったこういうのは？」と，親子のリズム遊びの時に教えてもらった動き
を取り入れてやって見せると，皆も「そうだね」「それがいいね」「うわぁ！」
と声をあげて笑いながら揃って動いては，また顔を見合わせて「うわぁ！」
と大きな声で笑い合った。

〈事例について〉

4歳児の事例では，保育者が曲の選択や振付は行っているが，5歳児になると，
皆で話し合って決めることができるようになる。そこで，保育者はできるだけ
子どもたちが話し合って決めることのできるような援助をしている。子どもた
ちの話し合いの中で，それまで話し合って決めたことを忘れてしまったり，話
が逸れていってしまったりした時に，メモした内容を子どもに伝えて軌道修正
する。こうした援助があって，子どもたちは自分たちで決めて作り上げた劇で
あると感じることができ，それが，どう演じようとか，お客さんからどう見ら
れるかということを考えながら練習することにつながる。こうして，行事を1
つ終える度に子どもは達成感を得られ，その満足感から次の表現へのステップ
アップにつながるのだ。繰り返しになるが，本番までの練習の過程において，
子どもは仲間の中で育つ。自分の想いを言葉で表現し，またそれが必ず受け入
れられるとは限らない。そこで，自分の想いが通らなかった時には自分の気持
ちに折り合いをつけながら成長していく。もちろん，想いが通った時には自信
をもつことができ自己肯定感が高まる。こうして，行事は子どもを成長させて
いくのだ。

演習課題 5

① 自分がこれまでに経験した行事の中で楽しかったものは何ですか。な
  ぜ楽しかったのでしょうか。
② 行事の中で嫌だったものがありますか。なぜ嫌だったのか考えてみま
  しょう。
③ 子どもにとって行事はなぜ必要なのでしょうか。考えてみましょう。
④ 行事のあり方について，あなた自身の考えをまとめてみましょう。

引用・参考文献

鰺坂二夫監修　表現幼児造形実習編　保育出版社　1995

池谷信子・中澤久子　絵ことばは子どもの心をひらく鍵　2014

榎沢良彦編著　保育・教育ネオシリーズ［19］保育内容・表現　同文書院
　2006

河邉貴子　遊びを中心とした保育　萌文書林　2005

厚生労働省　保育所保育指針（改訂）平成29年告示　2017

広田知悦子　おうちで楽しむ日本の行事　三笠書房　2011

保育小事典編集委員会編　保育小辞典　大月書店　2006

無藤 隆監修　領域　表現　萌文書林　2014

文部科学省　幼稚園教育要領（新）　2017

内閣府・文部科学省・厚生労働省　幼保連携型認定こども園教育・保育要領
　平成29年告示　2017

6章
領域「表現」のこれから

1節　子どもと表現活動

　子どもたちが身近な環境や自然，例えば生活空間の広さやそこに差し込む光の美しさに気付くことや，木々に吹く風の音や空を駆けてゆく雲の動きに耳や目を向けることなど，環境を感知する活動や真剣に見るという活動は，生活のプロセスの中に質的報酬をもたらす。表現はこのことを気付かせてくれる活動である。美的経験や表現は質の世界へ誘うものである。表現は本来それ自身を楽しみ日々を豊かにするものである。

　保育・教育における表現活動は子どもたちに何をもたらすのだろうか。小学生を対象にした調査で，表現活動の経験が豊富である子どもほど，コミュニケーション力，調査研究力，自己認識力，自律的態度，生き方の構想力が育っているという報告がある。教育・保育における表現活動は生きる力を育てるということである。

　最終章ではまとめとして領域「表現」，あるいは子どもの表現のこれからを考えるために，「表現の土台を育てる」「表現する力を育てる」「子どもの表現の未来」という観点から述べることとする。

2節　表現の土台を育てる

1　生活の中で表現の芽を見つける

　「幼稚園教育要領」「保育所保育指針」「幼保連携型認定こども園教育・保育

要領」の領域「表現」の内容は8～10項目たてられていて，共通した文言で書かれている。その中の次の3項目に改めて注目してみよう。

(1) 生活の中で様々な音，色，形，手触り，動きなどに気付いたり，感じたりするなどして楽しむ。
(2) 生活の中で美しいものや心を動かす出来事に触れ，イメージを豊かにする。
(3) 様々な出来事の中で，感動したことを伝えあう楽しさを味わう。

上記3項目は，それぞれ「生活の中で」または「様々な出来事の中で」経験し，気付き，個々の感性で感じたものを友達や保育者と共有し，共感することの大切さについて述べたものである。

2 表現が生まれる道筋のスタート地点

表現は言葉にする，音やリズム，色や形，動きなどで表すなど，いわゆる表現として外に現れる形態に目が行くことになりがちであるが，表現がどのように子どもの中で生成されるかという表現が生まれる道筋に注目することが重要である。

保育・教育の場で表現が生まれる道筋を流れに示すと次のようになる。

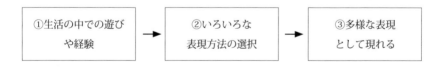

①は表現が生まれる道筋の基盤になる部分である。子どもの日々の生活での経験が子どもの表現の土台を育てる。保育者は子どもの経験の環境をどのように構成するかを考えなくてはならない。

右の写真は表現が生まれる道筋の①にあたる子どもの姿である。園庭の桃の花に近づいた子どもはここで何を感じたのか，2人の子どもの感じ方はどうだったのか，子どもたちが共感したことがあったのか，想像してみて欲しい。

3　子どもの気付きを多様な領域から受け止める

子どもの気付きや表現は明らかに表現していると分かる場合もあるが，受け止め方によっ

花のにおいに気付く

ては遊びの一部に見えたり，いたずらに見えたりするものが多い。保育者の気付きや解釈が子どもの表現の土台の形成に関係する。子どもが今何をしているのかという読み取りは，言葉で十分に説明できない時期の子どもの行為だけではなく，言語で解説することができる時期の子どもたちの行為でも重要である。保育者が多様な領域の窓から子どもの姿を見ることができなくては，子どもの気付きは見過ごされてしまう。多様な領域の窓から見ることによって，その子の興味の根源が分かり，表現の芽となるものが見えてくる。

　右下の写真では子どもは何をしているのだろうか。

　芝生に寝転んでいて影を見つけた。手を影に向けて伸ばしている。影に興味をもって保育者の影に触って見ている。ではその結果この子どもたちは何を見つけ，感じたのだろうか。「お日さまがあたると影がでる」「先生の影が映っていた」「影を触った」「影は動く」「影の色は本物の色とは違う」「影は熱くない」。日常の子どもの経験や発見は，記憶となって蓄積され，そこにいる人たちと共有される。写真の影の経験はど

影を見付ける

のような興味や試行，表現へつながるのだろうか。

　生活経験の質の高さが子どもの感性を豊かにし，自己と外界との関係を鋭敏にし，世界の意味を理解することを可能にする。

3節　表現する力を育てる

1　表現する力とは何か

　表現するということは，音や色や形，動きなどに感奮する能力を備え，混沌とした現実の様相を表現のそれぞれの方法をもって定式化することである。感情を客観化すること，主観的な感覚を客観化すること，客観化するプロセスで音や色や形や動きの要素を使用することで内的な感情やイメージを外界に拓く作業だとも言える。

　子どもたちの表現においては，表現が生まれる道筋に示したように，成長・発達，経験などを基に，環境で出会ったものや既知の方法，新たな手法をもってかかわり・表そうとする姿を見ることができる。感情の客観化や，感じたことイメージしたことを定式化することを意識して行うことは発達的にはまだ少なく，環境で出会ったものや既知の方法，新たな手法をもってかかわり・試し・表そうとする。そしてこのプロセスにこそ表現の重要な意味を含んでいる。換言すればプロセスこそ表現である。そのような，かかわろうとする力，試し・表そうとする力が乳幼児期の表現力である。

2　表現する時間と空間

　表現する力を豊かに育てるためには子どもが主体的に表現する時空を保障することが必要である。子どもが自由に試せる環境は，例えばものに触れることや音に触れることができる環境であり，ものにかかわること，音をつくること，動きをつくることができる環境でもある。

　経験や試行はそれだけでも自分の感性の具体化したものを確認できる機会と

なり，また表現の土台と関連付けることで多様なイメージを生成することにつながる。子どもが安心して表現できる，このような時空の存在が表現する力を育てる条件の1つである。

3　表現技能と表現する力

　子どもの表現活動は表現技能の習得が目的ではないことは言うまでもない。では，子どもの表現には技術の習得は必要ないのだろうか。否，表現する技能は無視することができない問題である。音楽的な表現，造形的な表現，身体的な表現，言語表現，劇表現など，それぞれに専門的な要素や必要な技能があり，それぞれの要素がその表現を形づくり技能が表現の質を決定する要因の1つでもあるからだ。間違ってはいけないのは，それぞれの専門的な技能をしっかりと習得することのみが大事なのではない。しかし表現技能の習得と習熟は表現を自由にすることも確かである。例えば手指がしっかり使えるようになることで，ハサミで紙が自由に切れ，自分がイメージした形に容易に到達することで，次への展開が読めるということ，楽器に触れその音を自在に出せることで音のイメージが広がることなど，子どもの成長発達やその時期の姿を基に基本的な技能が身につくことで，表現したいことがより自由に表現する力となることを理解しておくことである。表現が生まれる道筋の図（191頁）では，②いろいろな表現方法の選択がこの部分にあたり，選択した方法によって活動が生まれ，結果として③多様な表現として現れるのである。

4節　子どもの表現の未来に向けて

1　変わりゆく生活の現実

　子どもの日常の豊かな経験が表現につながるものとして重要であることは理解できたと思う。では，子どもの経験は時代が新しくなっても変わらないものなのだろうか。

環境の変化による次のような報告がある。

　0歳児クラスの子どもたちにはできるだけ自然素材のおもちゃで遊ばせてあげたいと保育者は思っているが，子どもたちの身近にあり，馴染みがあり，しかも子どもが喜んで遊ぶ素材はペットボトルだという。木やパルプなど環境にやさしいものとの出会いを考えて準備したが，子どもの馴染みは石油製品だったという報告もある。生活の中で馴染みのあるものがどんどん工業製品に変わってきている。変わりゆく生活の現実を実感する事例の一つである。

　15年，20年前の日常の環境は，今の子どもたちの日常の環境と同じではない。生活の中で見たり聞いたり経験することがバーチャルなものの割合も増加している。何が現実で何が仮想なのかの区別がつかないまま，実態として受け止めて成長する可能性もある。育ちの中の経験が異なると，心に響くものや質も変化すると考えられる。

　表現の土台を育てるために，①生活の中での遊びや経験が大切であることは変わらないが，保育者は経験の質の変化に目を向けることが必要である。そのうえで，変化する子どもと環境との関係を受け止めること，環境が変わっても経験として必要なものを子どもの環境として提供することが今後ますます望まれる。

2　新しい素材や方法に挑む

　芸術の世界では様々なエリアの表現がコンプリートされ，壮大な規模の芸術表現が提示されている。表現手法の枠を超えて芸術をプロデュースする力も必要である。表現手法も伝統的な手法から先端的なものまで，多様化している。広いフレームで表現を考えることができること，個人の表現様式や個人のオリジナリティーを超えた芸術活動の構想ができることなど，ICTの活用など質的にもスケール的にも変化する芸術表現に対応していかなくてはならない。

　パーソナルコンピュータ（PC）は一般化して，保育・教育の場では不可欠のアイテムになっている。子どもがPCを使って音を創ることや，PC画面での描画は，直接的な音や色や形での表現とは異なる感覚を子どもにもたらす。

過去の文化遺産の再利用もこの手法では簡単にでき，創造のプロセスも表現も違ったものになる。

　子どもの表現を広げ，自由にする表現技能との出会いや経験について，身近な生活の中にあるものや音に触れる経験はもちろんのこと，子どもたちの20年後50年後の表現にリンクするかもしれないことやものとの出会いをこの時期に創っておくことが必要であろう。

3　未来を切り開く力を育てる

　芸術は人間の創造的，感性的側面を鋭敏にし，豊かにする。表現活動は表現することを通じて表現者の意識を変える。表現活動が日常の中に常にあること，感性を働かせて捉えた様々なことやものを伝えること・受け取ること，言わば表現の生活化が日々行われるようになれば，子どもは豊かで芸術する心に満ちた日常を創っていくことだろう。

　感性と表現の領域「表現」を通して子どもたちに自ら考え行動し未来を切り開いていく創造的な力を育てたいものである。変化が加速的に展開する子どもたちの一生を遠望すると，読める未来よりも読めない未来が多く予測できる。急展開する未来に備えて，子どもの表現の基礎的な力と，この子どもたちが将来直面するであろう局面で，対応力・応用力・想像力・創造力を発揮できるように表現活動の経験を多様化し，且つ深化しておきたいものである。

演習課題6

子どもの未来に表現はどのような役割を果たすか考えてみましょう。

資　料

Ⅰ．幼稚園教育要領〈平成29年告示〉（抄）

第2章　ねらい及び内容
表現

> 感じたことや考えたことを自分なりに表現することを通して，豊かな感性
> や表現する力を養い，創造性を豊かにする。

1．ねらい
(1)　いろいろなものの美しさなどに対する豊かな感性をもつ。
(2)　感じたことや考えたことを自分なりに表現して楽しむ。
(3)　生活の中でイメージを豊かにし，様々な表現を楽しむ。

2．内容
(1)　生活の中で様々な音，形，色，手触り，動きなどに気付いたり，感じたりするなどして楽しむ。
(2)　生活の中で美しいものや心を動かす出来事に触れ，イメージを豊かにする。
(3)　様々な出来事の中で，感動したことを伝え合う楽しさを味わう。
(4)　感じたこと，考えたことなどを音や動きなどで表現したり，自由にかいたり，つくったりなどする。
(5)　いろいろな素材に親しみ，工夫して遊ぶ。
(6)　音楽に親しみ，歌を歌ったり，簡単なリズム楽器を使ったりなどする楽しさを味わう。
(7)　かいたり，つくったりすることを楽しみ，遊びに使ったり，飾ったりなどする。
(8)　自分のイメージを動きや言葉などで表現したり，演じて遊んだりするなどの楽しさを味わう。

3．内容
上記の取扱いに当たっては，次の事項に留意する必要がある。
(1)　豊かな感性は，身近な環境と十分に関わる中で美しいもの，優れたもの，心を動かす出来事などに出会い，そこから得た感動を他の幼児や教師と共有し，

様々に表現することなどを通して養われるようにすること。その際，風の音や雨の音，身近にある草や花の形や色など自然の中にある音，形，色などに気付くようにすること。

(2) 幼児の自己表現は素朴な形で行われることが多いので，教師はそのような表現を受容し，幼児自身の表現しようとする意欲を受け止めて，幼児が生活の中で幼児らしい様々な表現を楽しむことができるようにすること。

(3) 生活経験や発達に応じ，自ら様々な表現を楽しみ，表現する意欲を十分に発揮させることができるように，遊具や用具などを整えたり，様々な素材や表現の仕方に親しんだり，他の幼児の表現に触れられるよう配慮したりし，表現する過程を大切にして自己表現を楽しめるように工夫すること。

Ⅱ. 保育所保育指針〈平成29年告示〉（抄）

第2章　保育の内容
2　1歳以上3歳未満児の保育に関わるねらい及び内容
（2）ねらい及び内容
オ　表現
感じたことや考えたことを自分なりに表現することを通して，豊かな感性や表現する力を養い，創造性を豊かにする。

（ア）ねらい
① 身体の諸感覚の経験を豊かにし，様々な感覚を味わう。
② 感じたことや考えたことなどを自分なりに表現しようとする。
③ 生活や遊びの様々な体験を通して，イメージや感性が豊かになる。

（イ）内容
① 水，砂，土，紙，粘土など様々な素材に触れて楽しむ。
② 音楽，リズムやそれに合わせた体の動きを楽しむ。
③ 生活の中で様々な音，形，色，手触り，動き，味，香りなどに気付いたり，感じたりして楽しむ。
④ 歌を歌ったり，簡単な手遊びや全身を使う遊びを楽しんだりする。
⑤ 保育士等からの話や，生活や遊びの中での出来事を通して，イメージを豊かにする。
⑥ 生活や遊びの中で，興味のあることや経験したことなどを自分なりに表現する。

（ウ）内容の取扱い
上記の取扱いに当たっては，次の事項に留意する必要がある。
① 子どもの表現は，遊びや生活の様々な場面で表出されているものであるこ

とから，それらを積極的に受け止め，様々な表現の仕方や感性を豊かにする経験となるようにすること。

② 子どもが試行錯誤しながら様々な表現を楽しむことや，自分の力でやり遂げる充実感などに気付くよう，温かく見守るとともに，適切に援助を行うようにすること。

③ 様々な感情の表現等を通じて，子どもが自分の感情や気持ちに気付くようになる時期であることに鑑み，受容的な関わりの中で自信をもって表現をすることや，諦めずに続けた後の達成感等を感じられるような経験が蓄積されるようにすること。

④ 身近な自然や身の回りの事物に関わる中で，発見や心が動く経験が得られるよう，諸感覚を働かせることを楽しむ遊びや素材を用意するなど保育の環境を整えること。

3 3歳以上児の保育に関するねらい及び内容

（2）ねらい及び内容

オ 表現

感じたことや考えたことを自分なりに表現することを通して，豊かな感性や表現する力を養い，創造性を豊かにする。

（ア）ねらい

① いろいろなものの美しさなどに対する豊かな感性をもつ。

② 感じたことや考えたことを自分なりに表現して楽しむ。

③ 生活の中でイメージを豊かにし，様々な表現を楽しむ。

（イ）内容

① 生活の中で様々な音，形，色，手触り，動きなどに気付いたり，感じたりするなどして楽しむ。

② 生活の中で美しいものや心を動かす出来事に触れ，イメージを豊かにする。

③ 様々な出来事の中で，感動したことを伝え合う楽しさを味わう。

④ 感じたこと，考えたことなどを音や動きなどで表現したり，自由にかいたり，つくったりなどする。

⑤ いろいろな素材に親しみ，工夫して遊ぶ。

⑥ 音楽に親しみ，歌を歌ったり，簡単なリズム楽器を使ったりなどする楽しさを味わう。

⑦ かいたり，つくったりすることを楽しみ，遊びに使ったり，飾ったりなどする。

⑧ 自分のイメージを動きや言葉などで表現したり，演じて遊んだりするなどの楽しさを味わう。

（ウ）内容の取扱い

上記の取扱いに当たっては，次の事項に留意する必要がある。

① 豊かな感性は，身近な環境と十分に関わる中で美しいもの，優れたもの，心を動かす出来事などに出会い，そこから得た感動を他の子どもや保育士等と共有し，様々に表現することなどを通して養われるようにすること。その際，風の音や雨の音，身近にある草や花の形や色など自然の中にある音，形，色などに気付くようにすること。

② 子どもの自己表現は素朴な形で行われることが多いので，保育士等はそのような表現を受容し，子ども自身の表現しようとする意欲を受け止めて，子どもが生活の中で子どもらしい様々な表現を楽しむことができるようにすること。

③ 生活経験や発達に応じ，自ら様々な表現を楽しみ，表現する意欲を十分に発揮させることができるように，遊具や用具などを整えたり，様々な素材や表現の仕方に親しんだり，他の子どもの表現に触れられるよう配慮したりし，表現する過程を大切にして自己表現を楽しめるように工夫すること。

Ⅲ．幼保連携型認定こども園教育・保育要領〈平成29年告示〉（抄）

第2章　ねらい及び内容並びに配慮事項
第2　満1歳以上満3歳未満の園児の保育に関するねらい及び内容
ねらい及び内容

表現

> 感じたことや考えたことを自分なりに表現することを通して，豊かな感性や表現する力を養い，創造性を豊かにする。

1．ねらい
(1)　身体の諸感覚の経験を豊かにし，様々な感覚を味わう。
(2)　感じたことや考えたことなどを自分なりに表現しようとする。
(3)　生活や遊びの様々な体験を通して，イメージや感性が豊かになる。

2．内容
(1)　水，砂，土，紙，粘土など様々な素材に触れて楽しむ。
(2)　音楽，リズムやそれに合わせた体の動きを楽しむ。
(3)　生活の中で様々な音，形，色，手触り，動き，味，香りなどに気付いたり，感じたりして楽しむ。

資料　201

(4)　歌を歌ったり，簡単な手遊びや全身を使う遊びを楽しんだりする。
(5)　保育教諭等からの話や，生活や遊びの中での出来事を通して，イメージを豊かにする。
(6)　生活や遊びの中で，興味のあることや経験したことなどを自分なりに表現する。

3．内容の取扱い
上記の取扱いに当たっては，次の事項に留意する必要がある。
(1)　園児の表現は，遊びや生活の様々な場面で表出されているものであることから，それらを積極的に受け止め，様々な表現の仕方や感性を豊かにする経験となるようにすること。
(2)　園児が試行錯誤しながら様々な表現を楽しむことや，自分の力でやり遂げる充実感などに気付くよう，温かく見守るとともに，適切な援助を行うようにすること。
(3)　様々な感情の表現等を通じて，園児が自分の感情や気持ちに気付くようになる時期であることに鑑み，受容的な関わりの中で自信をもって表現をすることや，諦めずに続けた後の達成感等を感じられるような経験が蓄積されるようにすること。
(4)　身近な自然や身の回りの事物に関わる中で，発見や心が動く経験が得られるよう，諸感覚を働かせることを楽しむ遊びや素材を用意するなど保育の環境を整えること。

第2章　ねらい及び内容並びに配慮事項
第2　満1歳以上満3歳未満の園児の保育に関するねらい及び内容
ねらい及び内容

表現

感じたことや考えたことを自分なりに表現することを通して，豊かな感性や表現する力を養い，創造性を豊かにする。

1．ねらい
(1)　いろいろなものの美しさなどに対する豊かな感性をもつ。
(2)　感じたことや考えたことを自分なりに表現して楽しむ。
(3)　生活の中でイメージを豊かにし，様々な表現を楽しむ。

2．内容
(1)　生活の中で様々な音，形，色，手触り，動きなどに気付いたり，感じたり

するなどして楽しむ。

(2) 生活の中で美しいものや心を動かす出来事に触れ，イメージを豊かにする。

(3) 様々な出来事の中で，感動したことを伝え合う楽しさを味わう。

(4) 感じたこと，考えたことなどを音や動きなどで表現したり，自由にかいたり，つくったりなどする。

(5) いろいろな素材に親しみ，工夫して遊ぶ。

(6) 音楽に親しみ，歌を歌ったり，簡単なリズム楽器を使ったりなどする楽しさを味わう。

(7) かいたり，つくったりすることを楽しみ，遊びに使ったり，飾ったりなどする。

(8) 自分のイメージを動きや言葉などで表現したり，演じて遊んだりするなどの楽しさを味わう。

3．内容の取扱い

上記の取扱いに当たっては，次の事項に留意する必要がある。

(1) 豊かな感性は，身近な環境と十分に関わる中で美しいもの，優れたもの，心を動かす出来事などに出会い，そこから得た感動を他の園児や保育教諭等と共有し，様々に表現することなどを通して養われるようにすること。その際，風の音や雨の音，身近にある草や花の形や色など自然の中にある音，形，色などに気付くようにすること。

(2) 幼児期の自己表現は素朴な形で行われることが多いので，保育教諭等はそのような表現を受容し，園児自身の表現しようとする意欲を受け止めて，園児が生活の中で園児らしい様々な表現を楽しむことができるようにすること。

(3) 生活経験や発達に応じ，自ら様々な表現を楽しみ，表現する意欲を十分に発揮させることができるように，遊具や用具などを整えたり，様々な素材や表現の仕方に親しんだり，他の園児の表現に触れられるよう配慮したりし，表現する過程を大切にして自己表現を楽しめるように工夫すること。

索　引

ア行

アート　103
ICT の活用　195
アクションソング　89
頭, 肩, 膝, ポン　137
ありさんのおはなし　90
アリストテレス　152
あんたがたどこさ　86
生きる力　16, 190
生きる力の基礎　13
一年生になったら　90
一宮道子　91
1歳児　63, 85
意味づけ　131
イメージ　89, 95, 103, 104,
　113, 115, 119, 132
イメージデータ　134
イメージの共有　56, 133
意欲　13
色　127
色遊び　115
色鉛筆　114
色の美しさ　109, 115
色の変化　118
色水　116
色水遊び　115, 116, 167
うえからしたからおおかぜこ
　いこいこいこい　63
歌声　89

うれしいひなまつり　54
絵の具　50, 110, 117, 118, 120,
　134
ヴィゴツキー, L. S.　131
演じる　145
応答的　22, 95
おおきくなったら　54
大きなかぶ　40
大波小波　86, 93
おかえりの歌　91
お寺の和尚さん　86
音の性質　78
オノマトペ　92
おべんとう　91
思い出のアルバム　90
重み　109
音具　97

カ行

カール・オルフ　93, 98
かえるのうた　99
楽音　77
かく行為　128
かく表現　122
形　128
合奏　77, 97, 98
画面構成　123
管楽器　79
環境(の)構成　69, 72, 105
環境設定　123, 172

感触　106, 117, 167
感性　13, 167, 193
記憶像　130
擬音語　85, 97, 143
牛乳パック　104, 110
共感　111
緊張　143
空間認識　125
空間や場所　102
倉橋惣三　69
劇遊び　145, 149
劇づくり　145
劇的　145
弦楽器　79
行為　107, 111
行為性　124
五感　81, 109, 114, 130
5歳児　84
ごっこ　131, 133
ごっこ遊び　145
コミュニケーション　89, 93,
　145, 162, 190
小麦粉粘土　50, 108

サ行

再現的　133
雑材　104
3歳児　41, 83
3拍子　86
シール貼り　112

視覚的データ 130
視覚的なフォルム 130, 135
弛緩 143
色彩 114
色彩感覚 115
詩吟 88
自己意識 139
自然発生的 133
自然物 115, 120, 121
質感 109
シャモット 169
自由遊び 30, 133
10人のインディアン 39
受容的 22, 26
純音 77
象徴機能 34, 131
象徴能力 139
心情 13
身体意識 137
身体表現 80, 88, 135
人的環境 27, 123
ずいずいずっころばし 86
スクラッチ 71
すずむしのでんわ 71
世界中の子どもたちが 90
0歳児 22, 85, 195
線や形 124
噪音 77
造形遊び 119
造形活動 109, 114, 153
造形表現 129, 130, 132
造形要素 115, 121
操作 107, 109-113, 153
ぞうさん 90
創造 98, 105, 131
創造性 13

創造的 136, 139, 141
創造力 70, 105, 142
想像力 131, 142
素材 69, 98, 102-105, 144
資質・能力 14
粗大運動 24, 26, 36
染紙 110

夕行

態度 13, 92, 128
高さ 66, 75, 78
打楽器 78, 98
他者意識 139
七夕 72, 157, 164
ダルクローズ 81
探索活動 26, 97, 102, 107, 131, 142
探索的な行為 127
タンブリン 13, 80, 95, 98
チューリップ 86, 160
ちょうちょ 86, 90, 160
ちょちちょちあわわ 85
追視 102
つくり歌 88
土粘土 101
つもり 131, 133
強さ 75, 78
手遊び 80, 88
手合わせ遊び 88, 91
手触り感 109
手作り楽器 78, 84, 96
手拍子 83-85, 98
トイレットペーパー粘土 120
同期 136

同調 137
陶土 105
導入 88, 126
ドラマティック 145
泥遊び 167, 168, 173
どんぐりころころ 38
とんとんとんとんひげじいさん 36, 71

ナ行

夏祭り 81, 164
喃語 76, 82, 85, 92
2歳児 34, 86, 94, 105
日常のドラマ化 153
2拍子 83, 86
乳児 90, 96, 107, 123
音色 75, 80
粘土板 106

八行

パス 114, 120, 127, 183
はちべさんとじゅうべえさん 86
発達過程 126, 137
発達の特性 71
ハッピバースデートゥーユー 161
はないちもんめ 94
春 54, 157
春がきた 54
ピアジェ, J. 131
微細運動 25, 30
美的経験 190
非日常 146, 180

索引　205

描画活動　114, 119
描画材　120, 122
表現意欲　70, 71, 74
表現が生まれる道筋　191
表現活動　194
表現技能　194
表現の土台　190, 195
表現の芽　190
フォルム　130, 134, 142
物的環境　128
ふり　131
プロセス　63, 130, 145, 152,
　190
プロデュースする力　195
ブロンフェンブレンナー, U.
　102
並行遊び　131
ページェント　181
ペン　37, 57, 114, 116, 120
保育所保育指針　11, 94, 142,
　190

墨汁　127

マ行

マザーリーズ　90
見立て　104, 106, 120
見立て遊び　34, 90
民謡　88
むすんでひらいて　38
むっくりくまさん　90
模造紙　119
もの　107-109
ものとかかわる　101
ものとのかかわり　124
ものや人との愛着　102
模倣　94, 100, 136, 138, 139
モロー反射　76

ヤ行

ゆうびんやさん　93

郵便屋さん　86
幼稚園教育要領　11, 41, 95,
　96, 100, 190
幼保連携型認定こども園教
　育・保育要領　11
読み取り　192
4歳児　86, 176

ラ行

リズム　81, 136
領域「表現」　13, 95, 180
レッジョ・エミリア・アプロー
　チ　103

ワ行

わらべうた　63, 85, 88, 91, 93

編 者

横井　志保　名古屋学院大学

奥　　美佐子　神戸松蔭女子学院大学

執筆者 〈執筆順，（　）内は執筆担当箇所〉

横井　志保　（1章，3章，5章4節）編者

渡辺　　桜　（2章1節，2節）名古屋学芸大学

長江　美津子　（2章3節，5章1節）名古屋経済大学

野田　美樹　（2章4節，5節）岡崎女子短期大学

大島　未希奈　（2章6節）名古屋市公立保育園

仙石　美千代　（4章1節）名古屋文化学園保育専門学校

水野　伸子　（4章2節）同朋大学

高須　裕美　（4章3節）名古屋短期大学

小杉　裕子　（4章4節）椙山女学園大学

王寺　直子　（4章5節）あかさかルンビニー園

西原　和哉　（4章5節）和歌山市立紀伊幼稚園

丁子　かおる　（4章5節）和歌山大学

花岡　千晶　（4章6節）大阪国際大学短期大学部

久保　葉子　（4章7節）住の江幼稚園

平野　真紀　（4章8節）常磐会短期大学

奥　　美佐子　（4章9節，6章）編者

鈴木　裕子　（4章10節）愛知教育大学

南　　元子　（4章11節）名古屋芸術大学

西村　志磨　（5章2節）修文大学短期大学部

柴田　智世　（5章3節）名古屋柳城短期大学

イラスト

徳田　航介　（1章，2章4節，5節）名古屋学院大学1年

照喜名　隆充　（2章1節，2節）

新・保育実践を支える　表現

2018 年 3 月 30 日　初版第 1 刷発行

編著者　　横井 志保・奥 美佐子
発行者　　宮下 基幸
発行所　　福村出版株式会社
〒 113-0034　東京都文京区湯島 2-14-11
電話　03-5812-9702　FAX　03-5812-9705
https://www.fukumura.co.jp

印刷　株式会社文化カラー印刷
製本　協栄製本株式会社

©Shiho Yokoi, Misako Oku 2018
Printed in Japan
ISBN978-4-571-11616-2
定価はカバーに表示してあります。
乱丁・落丁本はお取り替えいたします。

シリーズ「新・保育実践を支える」 平成29年告示 3法令改訂（定）対応

吉田貴子・水田聖一・生田貞子 編著
新・保育実践を支える

保 育 の 原 理

◎2,100円　　ISBN978-4-571-11610-0　C3337

子どもをとりまく環境の変化に対応し，保護者に寄り添う保育を学ぶ。保育学の全貌をつかむのに最適な入門書。

中村 恵・水田聖一・生田貞子 編著
新・保育実践を支える

保 育 内 容 総 論

◎2,100円　　ISBN978-4-571-11611-7　C3337

子どもの発達段階を踏まえた質の高い保育内容と保育実践のあり方を，総論的な観点から平易に説く入門書。

津金美智子・小野 隆・鈴木 隆 編著
新・保育実践を支える

健　　　　康

◎2,100円　　ISBN978-4-571-11612-4　C3337

子どもの心身が健全に育まれ，自然や物との関わりを通して充実感を得る方策が満載。保育する側の健康も詳説。

成田朋子 編著
新・保育実践を支える

人 間 関 係

◎2,100円　　ISBN978-4-571-11613-1　C3337

人と関わる力をいかに育むかを，子どもの発達の基礎をおさえ，実際の指導計画と実践事例を掲載しながら解説。

吉田 淳・横井一之 編著
新・保育実践を支える

環　　　　境

◎2,100円　　ISBN978-4-571-11614-8　C3337

子ども達の適応力・情操・育つ力を引き出す環境の作り方を多角的に解説。図版と写真が豊富で分かりやすい。

成田朋子 編著
新・保育実践を支える

言　　　　葉

◎2,100円　　ISBN978-4-571-11615-5　C3337

育ちの中で子どもが豊かな言語生活と人間関係を築くために，保育者が心がけるべき保育を分かりやすく解説。

成田朋子・大野木裕明・小平英志 編著
新・保育実践を支える

保 育 の 心 理 学 Ⅰ

◎2,100円　　ISBN978-4-571-11617-9　C3337

保育者が学ぶべき実践の支えとなる，子どもの発達過程における心理学の確かな基礎知識を分かりやすく解説。

◎価格は本体価格です。